Rudolf Lenz

Zur Physiologie und Geschichte der Palatalen

Rudolf Lenz

Zur Physiologie und Geschichte der Palatalen

ISBN/EAN: 9783743680524

Hergestellt in Europa, USA, Kanada, Australien, Japan

Cover: Foto ©ninafisch / pixelio.de

Weitere Bücher finden Sie auf **www.hansebooks.com**

ZUR

PHYSIOLOGIE UND GESCHICHTE

DER PALATALEN.

INAUGURAL-DISSERTATION

ZUR

ERLANGUNG DER DOKTORWÜRDE

BEI DER

HOHEN PHILOSOPHISCHEN FACULTÄT

DER RHEIN. FRIEDR.-WILH.-UNIVERSITÄT ZU BONN

EINGEREICHT

UND MIT DEN BEIGEFÜGTEN THESEN VERTHEIDIGT

AM 11. AUGUST 1886, MORGENS 11 UHR

VON

RUDOLF LENZ

AUS HALLE A. S.

OPPONENTEN:

WILHELM BERNHARDT, DR. DES. PHIL.
LUDWIG NAPP, DR. DES. PHIL.
HEINRICH RÖTTGEN, CAND. PHIL.

GÜTERSLOH 1887.
DRUCK VON C. BERTELSMANN.

Einleitung.

Ich beabsichtige im folgenden eine zusammenhängende physiologische darstellung der sog. palatalen und mouillierten laute zu versuchen. Die aufgabe der lautphysiologie im dienste der sprachwissenschaft ist, das wesen der lautgesetze zu analysieren und dadurch die lücken auszufüllen, welche die historische lautlehre lassen muss. Ich sage „lassen muss"; denn nehmen wir den günstigen fall, dass die historische lautlehre zur erklärung eines lautwandels einige mittelstufen mit wahrscheinlichkeit angeben kann, z. b. $k > kj > tj > \acute{c} > \check{s}$, so hat sie damit doch nur einige meilensteine gesetzt auf dem langen wege der möglichen zwischenlaute, und die physiologie muss erst beweisen, dass diese meilensteine auch an dem richtigen, an ein und demselben wege stehen; sie muss den weg von einer station zur andern im einzelnen verfolgen, ganz abgesehen davon, dass die historische lautlehre meistens nur buchstabenreihen liefern kann, deren lautwert selbst erst genauer bestimmt werden muss. — Wenn die physiologie das leistet, so vermag sie schon viel; mehr verlange man vorläufig nicht; vor allem nicht, dass sie nun auch in jedem falle beweisen könne, warum dieser laut diesen, jener jenen weg einschlägt, warum derselbe laut unter denselben bedingungen in dieser gegend sich anders verhält als in jener. In einigen fällen können wir allerdings schon heute die lösung solcher fragen beibringen oder wenigstens vermuten, in anderen fällen wird es die zukunft können, wenn erst bessere und reichere physiologische materialien aus den modernen dialekten gesammelt sein werden; — viele rätsel werden aber wohl nie gelöst werden. Den inneren grund zu finden, warum ein laut sich weiter entwickelt oder nicht, warum er sich grade so und nicht anders gestaltet, das dürfte ebenso schwer sein als

exact zu beweisen, dass aus einer eichel nie eine fichte hervor-
wachsen kann. Wir wollen lieber versuchen in die physiologischen einzelheiten eines lautwandels einzudringen, oder
allgemeine gesichtspunkte für bestimmte gruppen von veränderungen suchen, nur dürfen diese letzteren nicht so allgemein und unbestimmt sein wie die oft gemissbrauchten worte
kraftersparnis, sprechbarkeit, wohlklang und dergl. —

Meine aufgabe wird zunächst rein physiologisch sein, sodann aber auch sprachgeschichtlich, indem ich die im theoretischen theile gewonnenen resultate auf die überlieferten
sprachlichen vorgänge anwende. Beide male muss ich eine
kritik der früheren ansichten voranschicken, bei denen ich
mich möglichst kurz fassen will in der hoffnung, dass meine
untersuchungen, wenn sie sich als stichhaltig erweisen, mit
der widerlegung einiger hauptpunkte ein weiteres eingehen
auf die einzelheiten überflüssig machen werden.

Um alle missverständnisse zu vermeiden, muss ich eine
übersicht über das physiologische system aller hierher ge-
hörigen sprachlaute voranschicken und mit einigen worten
motivieren. Der hauptfehler aller früheren untersuchungen war
eine mangelhafte eintheilung der lautgebiete. Erst Trautmann und noch besser Seelmann haben eine feste grundlage gegeben; ich schliesse mich im wesentlichen an sie an.

Übersicht über sämmtliche dental-, alveolar- und palatallaute.[1]

Gebiet des festen theiles.	Gebiet des beweglichen theiles.	Fricativae		Explosivae							
				orales		nasales		R.		L.	
		sth.	stl.	sth.	stl.	sth.	stl.	sth.	stl.	sth.	stl.
Dentes	† linguae apex	d	þ	ð	τ	n	ν				
Alveolae	† „ „	z ž	s š	d	t	n	ν	r ř	ϱ ϱ	l	λ
„	† „ dorsum	z³ ž³	s³ š³	d³	t³	n³	ν³			l³	λ³
Praepalatum	† „ apex	ẕ ž	ṣ š	d	t	n	ν	r ř	ϱ ϱ	l	λ
„ (vordere grenze) †	„ dorsum	ž ž'	š š'	d ǧ	t' č	ń	ν'			l'	λ'
„ (hintere grenze) †	„ „	ȷ'	χ'	ǵ	k'	ŋ	ι'			ł	λ
Mediopalatum †	„ „	j	χ	γ'	κ	ŋ	η			ʟ	ʟ
Post palatum †	„ „	ȝ	:c	g	k	ŋ	ι				

[1] Man wird in der vorstehenden tabelle leicht Trautmanns system
mit einigen abweichungen wiedererkennen. Die nasalen frikativen, R-
und L-laute sind nur der kürze wegen ausgelassen; ich bezeichne sie wie
die nasalen vocale durch ͵ : ϱ, l͵ etc. Abweichend von dem gewöhnlichen
scheide ich principiell zwischen apicaler und dorsaler artilation der
zunge; der verlauf der arbeit wird hinlänglich zeigen, dass diese scheidung

Die eintheilung der lautgebiete und ihre grenzen.

Es sei mir gestattet, hier etwas ausführlicher über diesen gegenstand zu sprechen, weil es von der höchsten wichtigkeit ist, dass endlich einmal eine eintheilung gewonnen wird, welche genügend ist und berechtigt von allen physiologen und sprachforschern angenommen zu werden. — Welchen anforderungen hat eine solche eintheilung zu genügen? — Ich meine: 1. sie muss die groben anatomischen verhältnisse berücksichtigen; 2. sie muss den verhältnissen der häufigeren sprachlaute entsprechen und 3. möglichst fest und unverrückbar sein. Aus dem ersten geht hervor, dass man zähne, zahnfleisch, harten gaumen und gaumensegel zu trennen hat, was in der regel auch geschehen ist, am besten bei Seelmann (aussprache des latein nach physiologisch-historischen grundsätzen, Heilbronn 1885, p. 243 ff.).

Was besagt nun die zweite forderung? — Meiner ansicht nach nicht, dass etwa für die deutschen, französischen und englischen laute ein system aufgestellt werde, welches für die russischen oder schwedischen vielleicht nicht passte,[1]) sondern dass die grösse der unterabtheilungen so angesetzt wird, dass es

---

sprachgeschichtlich nothwendig ist. Den index der dorso-alveolaren gebrauche ich nur, wo die articulation zweifelhaft sein könnte, aber mit bestimmtheit angegeben werden kann; in gleichem falle kann man die apicoalveolaren mit dem index 1 bezeichnen. Als unterabtheilung zu den apicalen rechne ich die linguo-frontalen, die mit dem zungenblatt („blade") articuliert werden (Seelmanns coronale). Dass ich nicht überall wie Trautmann drei s-laute ansetze, geschieht absichtlich. Warum bei den dorso-praepalatalen zwei reihen angesetzt sind ergiebt sich aus dem verlaufe unserer untersuchung. Die dentalen kann man noch in interdentale und postdentale eintheilen. Reducierte, unvollkommen gebildete laute bezeichne ich durch ˄ oder ˅; den zwischenlaut zwischen *i* und *j* mit *y*.

[1]) Ich stehe damit im gegensatz zu Lyttkens und Wulff, welche Svenska språkets ljudlära (Lund 1885) p. 107 sagen: „Hvarje språk har dock utvalt vissa ställen och delar, hvilka företrädesvis användas, och uppställningen af serier blir därför delvis beroende af det språk, hvars ljud skola behandlas, i det att blott de serier behöfva upptagas, af hvilka det ifrågavarande språket begagnar ett eller flere ljud." In diesem falle müsste man eben für jede sprache ein besonderes system aufstellen, was zu endlosen schwierigkeiten und unklarheiten führen würde. Nur wer alle sprachen mit demselben masse misst, wird ein klares bild ihrer gleichheiten und verschiedenheiten mit leichtigkeit erhalten.

leicht ist jeden beliebigen laut möglichst präcis zu bestimmen. Die eintheilung muss zunächst auf der mittellinie des gaumens geschehen, wo die meisten articulationen stattfinden; sodann dürfen aber auch die unterabtheilungen weder zu gross noch zu klein sein. Da nun die verschlüsse der zunge in der regel etwa ein centimeter breit sind (die zungenspitzenverschlüsse meist etwas schmaler, die zungenrückenverschlüsse in der praepalatalgegend meist etwas breiter), so dürfte circa 1 cm als durchschnittsmass wohl das richtigste sein. Dem entspricht am besten Seelmanns eintheilung; Trautmann (die sprachlaute im allgemeinen und die laute des englischen, französischen und deutschen im besondern, Leipzig 1884—1886) sowie Lyttkens & Wulff (l. c.) weichen nur wenig davon ab. Ich schliesse mich eng an Seelmann an, doch muss ich, um der dritten anforderung zu genügen, einige anmerkungen hinzufügen. mit denen ich nicht im widerspruch zu meinen vorgängern zu treten hoffe, sondern ihre andeutungen nur exact ausführen will.

Was zunächst die gestalt des oberkiefers und gaumens betrifft, so bin ich durch eigene untersuchungen zu dem resultat gekommen. dass die meisten abbildungen in lautphysiologischen werken ungenau oder falsch sind; insbesondere ist die wölbung am praepalatum meist viel zu flach.[1]) Eine anzahl von wachsabdrücken, die ich selbst hergestellt habe, beweisen mir zur genüge, dass gröbere verschiedenheiten des gaumens (abgesehen natürlich von pathologischen veränderungen) jedenfalls selten vorkommen. Man will allerdings gefunden haben, dass der gaumen bei den kulturvölkern im laufe der zeit (durch mangelhaften gebrauch der zähne) kleiner geworden ist und dass z. b. die oberkiefer der neger grösser und breiter sind als unsere; doch glaube ich nicht, dass dieses auf die sprachentwicklung, wenigstens nicht auf die folgenden untersuchungen grossen einfluss haben kann. Eingehendere forschungen hierüber sind mir nicht bekannt; jedenfalls wäre es wünschenswerth und interessant, dass konstatiert würde, ob sich z. b. bei den einzelnen europäischen völkern bestimmte

---

[1]) Dies gilt leider auch von der karte bei Techmer, zur veranschaulichung der lautbildung, Leipzig 1885. Brauchbar ist die abbildung in seiner Phonetik II. tab. I.; zur noth auch das schema bei Seelmann, l. c. p. 243.

abweichungen von dem, was wir als normal betrachten, häufig
finden oder nicht.[1])

Die abbildungen, die ich gebe, sind nach meinem eigenen
gaumen gemachte medianschnitte des wachsabdrucks und pro-
jektionen des gipsabgusses und zwar in lebensgrösse, weil dadurch die anschaulichkeit sehr erhöht wird. Die a b w e i -
c h u n g e n, welche ich selbst gefunden habe, sind folgende:
1. der bau und die stellung der schneidezähne kann anders
sein; die zahl der backzähne schwankt auch bei erwachsenen
zwischen 4 und 5, doch ist der platz, den sie zusammen ein-
nehmen, ziemlich gleich gross; 2. die alveolen können in der
mittellinie etwas mehr oder weniger stark convex sein als bei
mir; doch beträgt die abweichung nach beiden seiten kaum
mehr als ein millimeter; 3. die wölbung am palatum durum
kann etwas (selten mehr als 1 mm) mehr oder weniger hoch
sein; 4. am stärksten variieren die wellenförmigen erhöhungen
auf den alveolen nach lage, zahl und ausdehnung, sowie die
breite des kiefers und gaumengewölbes. Die gesammtausdeh-
nung vom anfang des zahnfleisches bis zum weichen gaumen
war in allen von mir untersuchten fällen ziemlich gleich (c. 47
bis 49 mm). Die eintheilung ergiebt sich demnach am besten
so, dass man für die drei theile des palatum durum (prae-,
medio- und postpalatum) je 11 mm oder etwas mehr nimmt,
dann bleibt für das alveolargebiet ein rest von 13—14 mm.
Die grenzlinie zwischen medio- und postpalatum, senkrecht
auf der mittellinie, trifft ungefähr zwischen den dritten und
vierten backzahn je nach grösse und zahl derselben. Die
grenze zwischen prae- und mediopalatum kann senkrecht oder
etwas nach hinten geneigt von der mittellinie zu den zähnen
(hintere grenze des zweiten backzahns bei mir) führen. Von
diesem endpunkte aus ziehe man auch die vordere praepalatalgrenze; was dann zwischen dieser und den zähnen liegt, gilt

---

[1]) Bei einem zahnarzt, der mir mehrere hundert gipsabgüsse von
gaumen (wie sie behufs anfertigung künstlicher zähne gemacht werden)
zur verfügung stellte, fand ich allerdings eine ganze anzahl abweichender
bildungen. Eine statistik nach diesen abgüssen würde aber ein falsches
bild ergeben, da eben grade die unregelmässig gebauten kiefer auch die
schlechtesten zähne haben und der mechanischen hilfe des arztes mehr
bedürfen als normalgebildete; letztere kommen aber für uns allein in
betracht.

als alveolargebiet. Den oberen theil des alveolargebietes an der praepalatalgrenze bezeichne ich zuweilen mit „s u p r a - a l v e o l a r“.

Das velargebiet vom harten gaumen bis zum zäpfchen, (ungefähr 30 mm) lässt wegen seiner veränderlichkeit (beweglichkeit) keine ganz exacte grenzbestimmung zu. Ich theile es durch mittelsenkrechte in prae- und postvelar.[1]

---

[1] Wie beim palatum durum drei theile anzusetzen ist nicht rathsam, aber das ganze mit T r a u t m a n n und L y t t k e n s & W u l f f als eins zu betrachten geht wegen der grösse noch weniger an.

I. Zur physiologie der palatalen.

I. Historischer theil.

Der gegenstand der folgenden untersuchungen sind, wie ich schon im eingang angedeutet, die sog. palatalen und mouillierten laute; wie man aus der übersicht auf p. 4 ersehen wird, bezeichne ich diese laute als „dorso-praepalatale",[1]) womit ihre stellung im system genau bezeichnet ist. Ehe ich nun meine eigenen ansichten entwickele, will ich kurz zeigen, welches der gegenwärtige standpunkt der lautphysiologen diesen lauten gegenüber ist und wie man allmählich zu ihm gekommen ist.

Zur charakterisierung der heutigen ansichten wird es genügen, wenn wir betrachten, was Sievers und Trautmann über unseren gegenstand sagen, jener als repräsentant der sogenannten englischen schule, dieser als ihr gegner.

Sievers (grundzüge der phonetik zur einführung in das studium der lautlehre der indogermanischen sprachen, Leipzig. 2. aufl. 1881; 3. aufl. 1885) giebt keine streng nach gebieten geordnete eintheilung der consonanten; über seine auffassung unserer laute kann jedoch kein zweifel sein.

Unsere apico-praepalatalen entsprechen den sogen. *mūrd-dhanya*-lauten (cacuminalen, cerebralen und wie sie sonst noch genannt sein mögen) des altindischen. Sievers sagt nun ausdrücklich bei besprechung dieser laute (phon.[2] p. 51, =[3] p. 59 f.): „Dorsal gebildete nebenformen dieser klasse giebt es meines wissens nicht, die angegebene zungenstellung lässt ihre bildung nicht wohl als möglich erscheinen." Unter „angegebene zungenstellung" sind die worte: „Die zungenspitze ist hier nach dem gaumendach auf- und zurückgebogen" zu verstehen. Dass von einem zurückbiegen des zungenrückens nach dem

---

[1]) Ich verstehe unter „palatalen" alle zwischen zunge und palatum durum gesprochenen laute.

gaumendache nicht wohl gesprochen werden kann ist richtig; aber warum soll man ihn nicht bis zur berührung mit jener stelle aufbiegen können? — Sievers widerspricht sich im folgenden selbst. Er sagt (phon.[2] p. 53 =[3] p. 61) von den „palatalen": „Unter palatalen verstehen wir die durch articulation des mittleren zungenrückens gegen den harten gaumen gebildeten k-ähnlichen verschlusslaute und die diesen entsprechenden spiranten" (z. b. slav. k-laute vor sog. „weichen" oder „palatalen" vocalen). „Man sieht, dass bei der ausdehnung des articulationsgebietes, das sich von der hinteren grenze der alveolen (!) bis zum weichen gaumen erstreckt, wieder eine grosse mannigfaltigkeit von lauten möglich ist." Ist denn das gaumendach hinter der grenze der alveolen nicht der ort, wo die „cerebralen" gebildet werden und keine dorsale articulation möglich sein soll? — Und wenn die articulationssphäre der „cerebralen" noch so klein wäre: dass ein punkt des gaumens vom zungenrücken nicht berührt werden könnte. wäre eine so auffallende thatsache, dass Sievers sich deutlich aussprechen musste. Ich finde in seinen worten einen augenscheinlichen widerspruch, wie er nur bei dem vollständigen mangel einer klaren abgrenzung der articulationsgebiete, welche leider für die englische schule charakteristisch ist, entstehen konnte.

Trautmann setzt zunächst (sprachlaute § 193, 194) zwei apico-praepalatale fricativlaute, s und $š$ (und z, $ž$), dazu § 210 als explosive d und t (die „cerebralen"); dann aber § 195 noch ein paar fricative „ganz abweichender bildung" (wir wollen sie mit $ś$ und $ź$ bezeichnen). „Ist bei s $š$[1]) die zungenspitze auf- und zurückgebogen, so ruht sie bei $ś$ unthätig hinter den unteren schneidezähnen und ihrem damme, und die enge wird zwischen dem vordergaumen und dem vordersten theil der mittelzunge gebildet; kieferwinkel im zweiten grade, grundgeräusch c_4, mittle obergeräusche stark. Der laut macht den eindruck eines mitteldinges zwischen $š$ und χ. Unser $ś$ ist, wenn mich meine erinnerung nicht täuscht, das $ś$ der Polen. Sehr geläufig ist es auch dem geborenen Leipziger, der anstatt *mich gleich pech* usf. *miś gleiś peś* sagt, sowie der gegend von Bonn und Köln."

---

1) Ich setze meine transscription ein und lasse Trautmanns $\not p$ absichtlich aus.

Von den entsprechenden explosiven sagt er § 211: „Die enge der schleifer *ź* und *ś* in den gleichortigen verschluss übergeführt, giebt die klapper *G* und *K*. Sie sind häufig in den slavischen sprachen. finden sich aber auch in deutschen mundarten."

Dazu giebt Trautmann folgende anmerkung: „Die klapper *G* und *K* erscheinen — und entsprechendes gilt von den schleifern *ź* und *ś* — in der entwicklung der sprachen meistens als mittelstufen zwischen *gk* und *dt*. Das lat. *Cicero* (Κικέρων) hatte zuerst zwei mittelgaumen-*k: kⁱikᵉero;* später wurden daraus zwei vordergaumen-*K*. und zuletzt im it. *cicerone* zwei *tš*. Ganz auf die gleiche weise ging das altengl. *ceap* (got.* *kaup*) durch *Keap* hindurch in das neuenglische *cheap* (*tšīp*) über."

Was Trautmann in § 195 sagt. ist richtig; dagegen täuscht er sich in betreff der dem *ś* entsprechenden verschlusslaute. Die von ihm angegebenen liegen weiter hinten und entsprechen unserem vordersten *k*, sie sind wesentlich mittelgaumenlaute (mediopalatale), und die eigentlichen dorso-präpalatalen fehlen bei Trautmann. Genaueres wird sich im laufe der untersuchung zeigen.[1])

Über die mouillierten laute sagt Sievers (phon.[2] p. 142 = [3]164) folgendes: „Unter mouillierung oder palatalisierung versteht man gemeinhin die veränderung, welche ein beliebiger consonant durch die vorausnahme der mundarticulation eines *i* oder *j* erfährt, d. h. durch eine dem *i* entsprechende dorsale erhebung der vorderzunge und eventuell spaltförmige erweiterung der lippen, mögen nun die letzteren geöffnet oder geschlossen sein. Ein solcher mouillierter konsonant ist selbstverständlich ein ebenso einheitlicher laut als jeder beliebige nicht mouillierte." Sievers führt dann eine anzahl beispiele aus romanischen und slavischen sprachen an. Die labialen sollen durch die mouillierung in ihrer bildung nicht beeinflusst werden, dagegen muss bei den zungenlauten „ein compro-

---

[1]) Seelmann, der zwischen Sievers und Trautmann zu stehen scheint, mag den fehler bei Sievers bemerkt haben; er setzt in der theoretischen übersicht l. c. p. 245) keine dorso-präpalatalen an, obwohl er später bei beschreibung des lat. *c* und *g* vor hellen vocalen diese laute theilweise bis ins präpalatum vorrücken lässt und also in denselben fehler verfällt wie Trautmann.

miss zwischen den zwei sich kreuzenden articulationen eintreten." Die gutturale (gleich unseren velaren) sollen der
mouillierung nicht fähig sein, sondern erst palatal werden müssen. Die cerebralen und apico-alveolaren „widerstreben
einigermassen der mouillierung (wenigstens was die
zungenstellung betrifft), dagegen sind die dorso-alveolaren ganz besonders für sie geeignet."

Trautmann (§ 325) betrachtet ebenfalls die mouillierten
als einheitliche laute. Sie verdanken ihre entstehung einem
nachfolgenden i oder j; „aber das i oder j ist nichts selb-
ständiges mehr in den jerierten consonanten der Russen,
den nh, lh der Portugiesen, den gn, gl der Italiener u. s. f.,
sondern ist vom vorhergehenden consonanten sozusagen
aufgesogen worden. Die mittelzunge verhält sich ähnlich
wie beim j: „ähnlich! beim j bildet sie enge, bei der hervorbringung irgend eines (!) mouillierten consonanten verschluss (!) mit dem mittelgaumen (!)." § 816 führt Trautmann weiter aus: „Der laut ń ist ein genäselter klapper, ein
ν, bei dem sich die mittelzunge so breit und voll an den
mittelgaumen legt, dass beim abziehen derselben, bei der lösung des verschlusses, ein j-artiges nebengeräusch erklingt."
Nebenbei wird bemerkt, dass es auch „mittelgauminge" ohne
und ebenso „vordergauminge" mit und ohne dieses nebengeräusch gebe.

Beide definitionen lassen zu wünschen übrig. Sievers
sagt nichts näheres über den „compromiss", Trautmann gebraucht dafür die worte „sozusagen aufgesogen"; es wäre doch
wünschenswerth, dass beide sich der bildlichen ausdrucksweise
enthalten hätten und klar angedeutet, wie man sich den vorgang denken soll.

Mit welchem recht Sievers mouillierte labiale, die doch
zwei articulationsstellen haben (cf. phon. [2]p. 143 = [3]p. 165)
als einheitliche laute bezeichnet, ist mir auch unklar. Ein
mouilliertes p, wie es auch sei, hat doch zwei zeitlich nach-
einander folgende articulationen an zwei örtlich verschiedenen
stellen.

Bei Trautmann ist ganz klar, dass er immer nur an
mouilliertes n und l denkt. Bei diesen hätte wenigstens der
mediopalatale verschluss noch einen sinn, obgleich wir sehen
werden, dass der verschluss bei diesen lauten wesentlich

präpalatal oder sogar supraalveolar ist. Die § 816 berührte
grösse des verschlusses ist richtig und auch schon von Hoffory als wesentlich erkannt. Auch daran dass beim abziehen der zunge das nebengeräusch entstehen soll, ist etwas
wahres, insofern eine eigenartige verschlusslösung allerdings
ins spiel kommt; durch „abziehen" der zunge vom mittelgaumen
würde aber doch wohl nur eine art schnalzlaut entstehen können, woran nicht zu denken ist. Die verallgemeinerung des
mediopalatalverschlusses auf alle mouillierten laute ist aber auf
alle fälle ein missgriff, man bekäme ja sonst für mouilliertes
p, m, t, s etc. (Trautmann spricht allgemein von den jerierten consonanten der Russen) ein *pᴋ, mγ, tᴋ, sᴋ* etc., woran
man gewiss auch nicht denken kann.

Über die von den sprachforschern so oft erwähnten sogen.
„palatalen" oder „quetschlaute" finden wir bei Sievers
und Trautmann sehr wenig. Den laut des ital. *c* vor *i* bezeichnen beide als *tš*.

Wie die auffällige unklarheit über die mouillierten laute
zu erklären ist, werden wir beim verfolgen der entwicklung
der physiologischen ansichten über diese laute ziemlich klar
sehen. Ich will so kurz wie möglich zusammenstellen, was
mir das wichtigste scheint.

Einer der ältesten bekannten lautphysiologen Juan Pablo
Bonet hat in seinem buche *„Reduccion de las letras, y arte
para enseñar a ablar los mudos.* En Madrid 1620" p.
111 und 148 schon richtig erkannt, dass das mouillierte *n* der
Spanier und Italiener ebenso gebildet wird wie einfaches *n*
„añadiendole el apretar la lengua en el paladar" [indem man
die zunge noch dazu an den gaumen festdrückt], von einem
nachklingenden *j*-laut weiss er nichts, der unterschied von *n*
und *ñ* ist für ihn gering aber doch vorhanden. Bei der beschreibung des span. *cha* hebt er ebenfalls richtig hervor, dass
das ganze vordere drittel der zunge an den gaumen angelegt
sei, die hauptarticulationsstelle aber etwas weiter vorn liege.[1]

Kempelen, *le Mecanisme de la parole* etc. Vienne
1791[2] reiht ebenfalls *ñ* und *l'* unter die einfachen laute ein

---

[1] Ich hoffe ein andermal gelegenheit zu haben, etwas ausführlicher
über dieses seltene, für romanisten sehr interessante buch sprechen zu
können.

[2] Mir liegt nur die französ. übersetzung vor.

und sagt p. 322: „La différence de ce son (ñ) aux deux pré-
cédens (n und ɴ) ne consiste encore que dans un changement
de la position de la langue qui ici ne se lève ni par sa pointe,
ni par sa partie postérieure, mais s'élève par le centre et
ferme le canal de la bouche en s'appuyant au palais." Für
die klangliche unterscheidung der drei n ist die grösse des
hinter dem zungenverschluss abgesperrten raumes massgebend.
Die abbildung zeigt, dass er den verschluss etwas zu weit
nach hinten ansetzt. Ganz entsprechend ist das l' als dorsales
prae-mediopalatales l angesetzt. Von einem j-nachklang ist
nichts erwähnt. Der erste, bei dem ich hiervon etwas gefunden
habe. ist E. F. F. Chladni „über die hervorbringung der
menschlichen sprachlaute (in Gilberts annalen der
physik (bd. 76. Leipzig) 1824. Es heisst p. 201: span. ñ,
pg. nh, frz. it. gn „sind nichts anders, als eine verschmelzung des n mit einem schnell darauf folgenden mittellaut
zwischen i und j;" das entsprechende wird von l' gesagt. Wie
wir hier den anfang zu der unglücklichen verschmelzungstheorie für die mouillierten laute haben, so bietet uns der
nächste physiologe den ersten ansatz zur erklärung der palatalisierung eines k zum č durch parasitische lauteinschiebung.

K. M. Rapp (Versuch einer physiologie der
sprache etc. bd. I. Stuttgart und Tübingen 1836) constatiert
p. 55 ein mittelgebiet zwischen den k- und t-lauten, in dieses
setzt er die sanskr. palatalen mit der bezeichnung tsch als
t-laute. Den ganzen vorgang der palatalisierung theilt er
(p. 105 ff.) in drei phasen: 1) Guttural-affection: „die verbindungen κε, κι im neugriechischen und ke, ki, kö, kü, ge, gi,
gö, gü in den nordischen sprachen haben sich im anlaut mit
solcher energie produciert, dass sich ein mittellaut,
der den schlaglaut unterstützt, in die mitte zwischen-
schob." Dieser laut war j-artig, wurde aber gleich zu x'
(etwa = unserem χ).

2) Lingual-attraction: aus kj (kx') wird tj (tš) etc.

3) Lingual-auflösung: die explosion fällt fort, also
bleibt ś, s, š etc. Der fehler, den Rapp begeht, ist, dass er
die entstehung des j-lautes durch eine besonders energische
aussprache erklärte, für welche ja aber durchaus keine berechtigung nachweisbar ist. Wir werden diesen fehler bis in
die neuste zeit wiederholt finden.

Glücklicher als Rapp und in der beobachtung der that-sachen sogar ausserordentlich fein und scharf war ungefähr zu derselben zeit Rudolf von Raumer (Die aspiration und die lautverschiebung. Leipzig 1837). Er beweist (p. 34 ff.) zunächst, dass die skr. palatalen einfache laute gewesen seien (weil sie metrisch nicht position bilden), dass also skr. *c* nicht gleich *tsch* sein könne.

Nun stelle das indische alphabet zwischen die gutturalen und dentalen, die nach aller wahrscheinlichkeit unserem deut-schen *k* und *t* entsprächen, zwei reihen, die palatalen und die lingualen, letztere sollen etwas hinter den dentalen gesprochen werden und unser *sch* solle dazu gehören. Zu den palatalen stelle man aber *y*, das höchst wahrscheinlich unserem *j* ent-spräche, also müssen wir *c* erhalten, „wenn wir die mittel-zunge da ganz an den gaumen schliessen und dann mit dem-selben gegendruck des hauches, der zu jeder harten muta erfordert wird, plötzlich öffnen, wo bei blosser annäherung der organe *j* entsteht. Wer den versuch machen will, der spreche zuerst *ka*, dann *je*, und nun schliesse er da, wo bei *je* die ritze am engsten ist, ganz, und er wird bei einiger übung einen laut erhalten, der dem *k* sehr nahe verwandt und ein-fach ist. Nur dass er einen ganz leisen nachhall hören lässt, der dem *i* ebenso nahe steht als dem leisesten, mög-lichst weit hinten gesprochenen *š*.“ Erst in der weiteren ent-wicklung sei der anfangs kaum hörbare nachhall zum lingualen (= apico-praepalatalen) zischlaut geworden und habe zugleich „den stummlautenden theil der palatale in seine lingualreihe vorgezogen.“ Sanskr. *ç* solle man lieber wie *ch* in *sichel* sprechen, wenn man den richtigen in derselben gegend wie *j* mit „möglichst enger ritze“ gesprochenen zischlaut nicht her-ausbringe.

Wenn man das gesagte schematisch darstellte, würde man die reihe $k > k' > k\chi' > t\check{s}$ bekommen. Bedenklich ist bloss, dass Raumer meint, dass der zischlaut gewissermassen in der entwicklung dem *k* vorangeschritten sei; vor allem aber durfte er nicht *š* als lingual (apico-praepalatal) ansetzen; das war jedoch nicht seine schuld allein, die natur der *š*-laute war da-mals noch ziemlich unbekannt und ital. *c* vor *i* ist noch bis vor kurzem oft als $t + \check{s}$ aufgefasst worden. Im übrigen gehören die bemerkungen R. von Raumers zu dem besten, was je über die palatalen gesagt ist. Doch scheinen sie vor allem von den physiologen nicht genug beachtet zu sein; die richtige würdigung fanden sie jedoch bei A. Schleicher (zur vergleichenden sprachengeschichte, Bonn, 1848), der auf der von Raumer gelegten grundlage weiter ging. Er sagt dem Raumerschen *k'* entspreche genau die traditionelle aussprache von skr. *ń*. „Es ist dies der laut des franz. *gn* in *Cologne, campagne*, des poln. *ń* in *broń* u. s. w. Folgt auf dieses palatale *ń* ein vocal, so glaubt man fast *nj* zu hören, es entsteht durch die öffnung des verschlusses eine art spirans, dies gilt ebensowohl vom frz. *gn* als vom skr. *ń*.“ — Das palatale *l* ist nach ihm ein einfaches am gaumen gesprochenes *l*. Der nachhall des *k'* entsteht durch die öffnung des zungenverschlusses (p. 138). Diese letzte bemerkung ist von grosser wichtigkeit, sie ist thatsächlich die einzig richtige erklärung für den übergang des *k* zum *č*, für die entstehung des sogenannten parasitischen *j*.

Wesentlich richtig fasste auch Kudelka (Analyse der laute der menschlichen stimme. Linz 1856 und Sitzungsber. der k. Akademie zu Wien math.-naturw. kl. bd. 28 p. 3—60) die mouillierten laute auf. Poln. *ś ź* werden an der mitte des gaumens, d. h. dem höchsten punkt der convexität (also praepalatum) mit dem zungenrücken hervorgebracht; die zungenspitze dabei nach abwärts gebogen (cf. anal. p. 16). *ń* ist der nasal der dritten articulationsstelle seines systems (zungenrücken und vordergaumen); „übrigens haben alle laute, die an der dritten articulationsstelle entstehen, den mouillé-charakter. Dieser charakter kommt nur der dritten articulationsstelle zu; wenn daher herr Brücke behauptet, dass sich alle arten des *n* mouillieren lassen, also auch jene die an anderen articulationsstellen entstehen, so mag dies in dem sinne, wo die mouillierung durch ein angehängtes jot bewirkt wird, seine geltung haben, nicht aber in unserem sinne (sitzungsber. bd. 28. p. 62).“ Um ein richtiges *ań* zu sprechen, brauche man nur bei der articulation von *an* die zungenspitze mit dem finger auf den boden der mundhöhle niederzudrücken.

Kudelka nimmt also, und wie wir sehen werden ganz mit recht, eine specielle articulationsstelle für alle mouillierten laute und nur für diese in anspruch. Nur ist ungenau, dass er diese stelle nicht scharf genug von den dorsoalveolaren (Brückes t^3 l^3) trennt.

Combiniert man alles, was Raumer, Schleicher und Kudelka sagen, so bekommt man ein durchaus richtiges bild von den mouillierten lauten; räthselhaft bliebe nur noch die art und weise wie bei der verschlusslösung (Schleicher) der laute einer bestimmten articulationsstelle (Kudelka) jener leise nachhall, der sich weiter entwickeln kann (v. Raumer) entsteht. Dieses combinationsresultat ist nun leider von keinem physiologen gezogen worden. Im gegentheil geht die erkenntniss der mouillierten laute in Deutschland seit dem jahre 1856 rückwärts bis auf die gegenwart und zwar, wie ich meine. hauptsächlich durch die schuld Brückes, der in der zeitschr. für die österreichischen gymnasien bd. VII (1856) seine „Physiologie und systematik der sprachlaute" veröffentlichte. Er fasste die mouillierten und alle jerierten slav. laute als äusserliche verbindungen mit j (y^1) oder χ (χ^1). Damit fiel natürlich die möglichkeit diese laute als einheitliche zu fassen. weil. wie Brücke in seiner nachschrift zu Kudelkas aufsatz (sitzungsber. bd. 28 p. 77 ff.) behauptet, auch diejenigen mouillierten laute, welche nicht wie das mouillierte slav. t und d verschlusslaute seien, sich nicht in ihrer totalität continuierlich hervorbringen liessen: das sollte sich besonders auf $ň$ und l beziehen. Nun sind aber $ň, l, n, l$ gerade so gut verschlusslaute wie t, d und t, d, können also deshalb nicht total continuiert werden, wozu $ś, ź$ jedoch als fricativlaute eben so gut im stande sind als s, z. Die äusserliche auffassung Brückes fand bald widerspruch, doch beging man den fehler, dass man alle bei B. angeführten mouillierten als einheitliche laute auffasste. also auch die von Brücke richtig bezeichneten $by^1, p\chi^1, my^1$ etc. So ist z. b. ganz werthlos, was Merkel (physiologie der menschl. sprache; physiologische laletik, Leipzig 1866 p. 270 ff.) über diesen gegenstand sagt. Wie weit er von einer richtigeren anschauung entfernt war, zeigt die bemerkung, es gäbe überhaupt kein k am harten gaumen (cf. p. 159 ff. bes. 163), daher sei Brückes scheidung in vorderes (palatales) und hinteres (velares) k „überflüssig und unphysiologisch"!

2

Am nächsten kam dem wahren sachverhalt Rumpelt (das natürliche system der sprachlaute, Halle 1869). Er stellt (l. c. p. 29) folgende zwei reihen auf:

1) denti-palatales: *ń t d ś ź l*
2) palatales: *ǵ k g χ j*.

Ad. 1) sagt er p. 86: „Die bildung der hier in rede stehenden laute geschieht so, dass man mit dem vorderen convex gemachten theile des zungenrückens den vorderen theil des gaumens berührt, während die zungenspitze nach vorwärts gebogen und gegen die unteren schneidezähne gestemmt ist." Die mutae dieser klasse sind nach p. 87 die jerierten *t d* des russ. und die poln. quetschlaute. *ń, l* sind die bekannten sp. *ñ. ll*, pg. *nh, lh* etc. Die aussprache *nj, nχ, lj, lχ* wird ausdrücklich als falsch bezeichnet. — Die palatalen sind etwas weiter hinten articuliert: hierher gehört nach p. 95 slav. *ke, ki*, das „etwas eigenthümlich dünnes" hat. Rumpelt schliesst also an Kudelka an, mit dem er auch den fehler gemein hat, dass er *t d l n* nicht genug von den dorso-alveolaren *t³ d³ l³ n³* scheidet. Hoffory (Phonetische streitfragen Kz. XXIII. (1876) p. 525 ff.) meinte geradezu, Rumpelt werfe wie Kempelen beide lautreihen vollständig zusammen, was nach meiner ansicht durchaus nicht der fall ist. Hätten Rumpelt und Kempelen eine exacte gebietseintheilung gehabt, so würde man sehen, dass ihre mouillierten denti-palatalen hinter Brückes dorsalen articuliert werden sollten; Kempelens abbildung weist sogar an die hintere praepalatalgrenze.

Hoffory selbst folgt Brücke in der annahme, dass alle dentalen (also auch *t¹* und *t²* (unser *t*) mouilliert werden können, und verschliesst sich damit selbst den weg seine bessere erkenntnis über die echten *t l* etc. (nach ihm *t³ l³*) zur vollen klarheit zu bringen. Er meint (l. c. p. 528) aus seinen bemerkungen solle hervorgehen, „dass wir die mouillierung als eine den ganzen lautkörper durchdringende eigenschaft, die allen dentalen verschluss-, reibe-, *b*- und nasallauten mitgetheilt werden kann, betrachten müssen." Was das für eine eigenschaft ist, und wie man sich dieses „durchdringen des ganzen lautkörpers" zu denken hat, geht aus der definition (?) nicht hervor; dass die mouillierung nichts facultatives aller sog. dentale ist hat Kudelka schon richtig erkannt.

Der unterschied zwischen l^3 und l^3 soll nur sein, dass
bei l^3 eine grössere strecke der alveolen bedeckt sei
als bei l^3. Ebenso bei l^1 und l^1; bei letzterem „ist nicht nur
die zungenspitze, sondern auch der vordere theil des zungen-
körpers gegen das obere zahnfleisch gestemmt; beim l^1 und l^2
findet analoges statt." — Schade, dass Hoffory nicht auch
genau ausgeführt hat wie l^2, mouilliertes apico-präpalatales l
hervorgebracht werden soll; er würde gefunden haben, dass
die cerebralen nicht nur wie Sievers meint (cf. oben p. 12)
der mouillierung „einigermassen widerstreben," sondern dass
eine solche bei ihnen überhaupt nur im Brückeschen sinne
möglich ist, gegen den sich Hoffory verwahrt. Sein l^1 ist
nicht apical, sondern frontal und prädorsal, also dem l^3 sehr
ähnlich, dürfte aber schwerlich das präpalatalgebiet so er-
reichen wie es zum mouillierten l notwendig ist. — Ebenso
wie l werden alle mouillierten dentallaute gebildet, indem
„ein grösserer theil der zunge gegen den gaumen gestemmt
wird" als bei den nicht mouillierten; — der ausdruck „gaumen" ist sehr ungenau, man sieht doch nicht ein, wie beim
interdentalen t z. b., wenn es mouilliert werden soll, die zunge
sich an den gaumen anstemmen soll.

Auf diesen bemerkungen Hofforys scheinen Sievers'
und Trautmanns angaben wesentlich zu beruhen.[1])

---

[1]) Weitere bemerkungen über hierhergehörige laute werden im ferne-
ren verlaufe der arbeit gelegentlich angeführt werden. Hier sei nur noch
kurz bemerkt, dass Lepsius im *Standard alphabet*, London 1863 p.
70, 71, 72 die *palatalclasse* recht gut bespricht; überhaupt sind die lingui-
sten von der confusion der physiologen leidlich freigeblieben, nur Brückes unrichtige ansichten von den mouillierten lauten und vom š haben
zuweilen schaden angerichtet. Auch Sweets bemerkungen *(handbook
of phonetics*, Oxford 1877 p. 44, 47, 154) bieten trotz der unklarheit
der articulationsstelle manches richtige.

II. Experimenteller theil.

Non Anatomicorum more, minutias quasque
ad augendum volumen vanamque redolentes
ostentationem prosequar, utpote quae ad sub-
jectum negotium plane nihil faciunt, sed tan-
tum eorum fabricam, qualis ad Vocis & Lo-
quelae perfectionem requiritur, qualisque ut
plurimum apparet, depingam.
Conradus Amman, Surdus loquens
Lugdun. Bat. 1727 (erste ausgabe 1692) p. 20.

Das einzige zuverlässige mittel, um die articulationsstelle
und -art eines palatal- oder alveolarlautes zu bestimmen scheint
mir das anfertigen von 'stomatoskopischen' gaumenbildern
mit gefärbter zunge.[1]) Ich will über die methode, die vor-
theile und nachtheile dieser untersuchungen etwas ausführlicher reden, weil ich hoffe und wünsche, dass andere meine
experimente nachmachen um meine resultate zu bestätigen
oder zu rectificieren; denn bei einem ersten versuch, wie er
hier vorliegt, können doch vielleicht individuelle eigenthümlichkeiten mit unterlaufen, sei's auch nur in kleinigkeiten. —
Ich mache die experimente in folgender weise: zunge und
gaumen werden etwas abgetrocknet, darauf wird die zunge
mit einer mischung von chinesischer tusche, gummiarabicum
und mehl bestrichen, und nun der in frage stehende laut einmal möglichst ungezwungen aber correct articuliert. Es handelte sich bei mir meist um consonanten; ich begann die
articulation jedoch meist mit einem *a*, während dessen die
vorher ausgestreckte zunge zur ruhe kommen konnte; dadurch
wird die sicherheit der bildung erhöht. Soweit die gefärbte
zunge den gaumen etc. berührt, wird derselbe schwarz gefärbt
und zwar um so deutlicher und schwärzer, je länger und
fester die berührung war. Daher ergeben vocale wie *i* und
besonders fricativlaute, die man länger anhalten kann, die
besten bilder. Die explosivlaute sind stimmlos am deutlichsten,
bei den stimmhaften ist wegen des geringen exspirations-
druckes auch der articulationsdruck (die hemmung) schwächer,
daher das bild oft auch umfänglich kleiner. — Ist der laut

---

[1]) Vergl. Grützner, physiologie der stimme und sprache (in
Hermanns handbuch der physiologie I, 2. p. 203 f.; Techmer Phonetik I, p. 30. Internat. zeitschr. I.; Sievers, phonetik[2] p. 46 = 355.

articuliert, so betrachte ich das bild mit ein oder zwei
spiegeln (je nach der lage), vergleiche meinen gaumen mit
einem gipsabguss desselben, in welchen meine gebietseintheilung eingetragen ist, indem ich die grenzen der schwarzen
flecke zunächst nach meinen zähnen bestimme; zuletzt trage
ich das bild in eine bereitliegende projection[1]) meines gaumens ein.

Um sichere resultate zu bekommen, sind noch einige
vorsichtsmassregeln zu beachten. Erstens möge man unmittelbar vor dem färben der zunge die betreffenden laute
mehrmals articulieren und genau auf den klang achten, damit
man sicher beurtheilen kann. ob man beim experiment auch
wirklich den beabsichtigten laut richtig gesprochen hat. Man
wiederhole jedes experiment mehrere male möglichst zu verschiedenen zeiten um die resultate vergleichen zu können; sie
müssen gleich sein!

Zweitens aber, und das ist das schwierigste, wenn es sich
wie bei meiner untersuchung um laute handelt, die der sprache
des schreibers fremd sind: der experimentator muss
sicher sein, die laute überhaupt richtig, d. h. wie die
mehrzahl des volkes, in dessen sprache sich die laute finden,
sprechen zu können. Dazu gehört lange übung, ein feines
ohr und volle beherrschung der articulatorischen organe, anforderungen, denen zu genügen manchem nie gelingt. Übung
kann sehr viel, aber nicht alles ersetzen; ein guter lautphysio-
loge muss wie ein sänger als solcher geboren sein. Ich selbst
glaube diesen anforderungen genügen zu können. Was die in
dieser arbeit besprochenen laute anbetrifft, so habe ich Nord-
und Südfranzosen in bezug auf schriftsprache und dialekte
(bes. provençalische) genau geprüft, habe Italiener, Spanier,
Engländer und Schweden in bezug auf ihre aussprache
untersucht und auch die slavischen mouillierten laute von

---

[1]) Solange es sich um die vordere hälfte des mundes (also nicht das
hintere velargebiet) handelt. ist es jedenfalls am einfachsten und sicher-
sten. die bilder auf die zahnebene zu projicieren; perspectivisch richtige
bilder sehen bei der geringsten veränderung der stellung des beobachters
zu verschieden aus. Warnen möchte ich auch vor derartigen verkleinerungen
wie sie Techmer (Phon. II. und Internat. zeitschr. 1) giebt. Ich halte
mehrere seiner bilder für ungenau. Ich gebe alle bilder in natürlicher
grösse.

geborenen slaven gehört und sprechen gelernt, und — was die hauptsache ist — ich habe überhaupt noch keinen laut gehört, den ich nicht exact hätte nachsprechen können. Überdies sind einige untersuchungen rein theoretischer art an sich zweifellos. Ich darf also wohl hoffen, dass meine untersuchungen auf relativ sicherster grundlage beruhen; mögen andere constatieren, ob sie zu denselben resultaten kommen.

Ich verfahre in diesem theil der arbeit zunächst *a priori*, ohne rücksicht auf sprachliche materialien. Der ausgangspunkt ist allerdings eine aus der sprachgeschichte gezogene vermuthung, welche später zur gewissheit werden wird, nämlich dass die entwicklung des *k* vor *e* und *i*, wie sie z. b. in den romanischen sprachen vorliegt, sich am einfachsten als verschiebung der verschlussstelle nach vorne darstellt. Es handelt sich hier nur darum das verhältniss der palatalen und alveolaren consonanten im allgemeinen darzustellen; die einzelheiten werden sich dann später fast von selbst ergeben.

I. Palato-velarer verschluss (abbildung 1).

Spreche ich *aka*, wie ich es im deutschen zu sprechen gewöhnt bin, so erhalte ich das bild 1.b. am gaumen; der *k*-verschluss hat also auf dem grenzgebiet von postpalatum und praevelum stattgefunden. etwa wie abb. 1. a angiebt.

II. Postpalataler verschluss (abbildung 2).

Spreche ich das deutsche wort *ecke*, so erhalte ich abb. 2; der verschluss auf der mittellinie ist wesentlich postpalatal, reicht aber auch schon bis in das mediopalatum. Auf den beiden seiten reicht die berührungsstelle rechts bis auf den ersten backzahn, links etwas weniger weit. Das vorrücken des verschlusses hat seinen grund darin, dass bei der articulation des *e* der vordere theil des zungenrückens etwas gehoben ist, der verschluss wird da am gaumen gebildet, wo die zunge ihm vorher oder nachher am nächsten ist. Die ungleichheit auf beiden seiten ist natürlich nicht nothwendig, sondern individuell; aber sie ist nicht auffällig; auch Grützner articulierte etwas schief. Abgesehen davon, dass viele menschen schon äusserlich durch schiefes öffnen der mundwinkel, einseitiges vorschieben der lippen, einseitiges lachen (oft auch verschiedene weite der augenöffnung) zeigen, dass beide seiten des gesichtes ungleich ausgebildet sind – abgesehen von dieser groben ungleichseitigkeit, ist vor allem schiefe articulation des š im deutschen nicht selten, und einseitige articulation des *l* war schon dem Johannes Wallis (Tractatus grammatico-physicus erste aufl. 1653, sechste 1765 p. 28) bekannt. Ich glaube, dass ganz gleichseitige articulation aller laute vielleicht seltener als man denken sollte. [1])

III. Mediopalataler verschluss (abbildung 3).

Auf der grenze von medio- und postpalatum etwas weiter nach vorn als nach hinten reichend, liegt der verschluss, den ich beim deutschen *k* vor *i* bilde; die seitenränder sind noch etwas weiter vorgeschoben, dadurch wird die unberührte stelle an der mittellinie vor dem verschluss noch länger und schmaler als auf abb. 2. Rückt nun der verschluss des *k* noch weiter vor, bis nahe an die praepalatalgrenze, so erhalten wir ein rein mediopalatales *k*. Dieser laut kommt im nhd. wohl kaum vor, ist dagegen in den romanischen sprachen vor *i* gebräuchlich z. b. frz. *qui* it. *chi, chiesa* etc. Die zunge lässt dabei auf dem praepalatum nur einen ganz schmalen streifen unberührt (abb. 4). —

Der grösste theil des velum und das ganze post- und mediopalatum liegen ziemlich wagrecht (d. h. nur in der mittellinie, die immer gemeint ist, wenn nichts anderes ausdrücklich angegeben ist); daher ist das vorrücken des verschlusses ein allmähliches und gleichmässiges und in folge dessen der unterschied zwischen praevelarem *k* in *kugel* und medio-postpalatalem *k* in *kind* sehr gering. Nur die tonhöhe des *k* nimmt zu, und zwar je weiter der verschluss nach vorn rückt, um so schneller. Dicht vor der prae-mediopalatalen grenze senkt sich das gaumendach plötzlich stark nach abwärts und man sieht auf der abbildung der zungenstellung des *k*, dass bei

---

[1]) Merkwürdig ist, dass sich bei mir die einzelnen laute verschieden verhalten. *l* spreche ich gewöhnlich mit rechtsseitiger öffnung, die dorsalen articulationen sind alle rechts stärker (bes. bei *i*). Zungenspitzen -r spreche ich etwas links von der mittellinie. Übrigens kann ich alle laute auch gleichseitig hervorbringen. Das ganze ist ohne wichtigkeit für die folgenden untersuchungen; ich wollte nur darauf aufmerksam gemacht haben.

einem geringen vorrücken des verschlusses das ganze
praepalatalgebiet mit einem male bedeckt werden
muss. Während zungenrücken und gaumen weiter hinten
ungefähr im verhältniss von kreis und tangente standen, haben
wir in der praepalatalgegend zwei gleichlaufende bogen und
zwar sind beide so beschaffen, dass der zungenverschluss, der
das praepalatum bedeckt, auch noch in das mediopalatal-
oder in das alveolargebiet hineinragt. Also:

IV. Medio-praepalataler verschluss (abb. 5).

Ein durch seine grosse berührungsfläche auffälliger verschluss. Die druckrichtung der zunge ist noch wesentlich
senkrecht nach oben, der festeste theil des verschlusses liegt
dem gemäss an der vorderen mediopalatalgrenze. Bei der
lösung des verschlusses wird demnach zunächst wieder eine
schmale mittelrinne des praepalatum blossgelegt werden, die
von vorn nach hinten fortschreitet, bis ein vollständiger durchbruch entstanden ist, der zunächst auch sehr schmal ist. Der
exspirationsstrom drängt sich daher nach der verhältnissmässig schwach explosiven verschlusslösung zunächst durch
eine schmale enge, die erst einen augenblick später durch
weiteres senken des zungenrückens sich erweitert. Der laut
ist daher ein schwacher explosivlaut mit unmittelbar an-
schliessendem kurzen reibegeräusch, welches um so deutlicher
hervortritt. je langsamer die articulation vor sich geht. Der
laut ist k. das sogenannte mouillierte k; der fricativlaut
allein gesprochen ist natürlich ein praepalataler und zwar
entweder mit der hauptenge an der vorderen grenze des ge-
bietes ein ś oder an der hinteren grenze ein χ'; denn da der
radius der zungenwölbung grösser ist als der des
eigentlichen praepalatum, so kann die hauptenge
nicht in der mitte des praepalatum liegen, und da
ferner zwei schmale engen nahe bei einander nicht lautbildend
sein können,[1]) so ergiebt sich, dass die vordere oder die
hintere enge wesentlich ist. Ebenso fällt der druckpunkt des
praepalatalverschlusses entweder wie oben ins mediopalatum
oder ins supraalveolargebiet. Daher der ansatz von zwei

---

[1]) Die erste enge hemmt den exspirationsdruck so stark, dass er an
der zweiten keine reibung mehr hervorbringen kann.

praepalatalreihen im lautsystem (p. 4). Meist scheint beim k' der fricative ansatz wesentlich $\acute{s}$ zu sein. Spricht man dieses $\acute{s}$ und unmittelbar anschliessend ein k', so ist der verschluss auf der mittellinie kleiner, als wenn man k' allein spricht; der grund ist jedenfalls der, dass die verschlussarticulation durch die enge vorbereitet und nun durch eine minimale bewegung genügend, wenn auch schwach, gebildet werden kann (abb. 6).

V. Alveolar-praepalataler verschluss (abb. 7).

Der hauptdruck hat jetzt die richtung nach vorn und ruht auf dem oberen theil des alveolargebietes. Wenn also auch von der abbildung 5 zu abbildung 7 ein regelrechtes allmähliches fortschreiten des verschlusses vorzuliegen scheint, so ist doch in der that ein sprung geschehen, da der druck-punkt aus den vorher angegebenen gründen niemals in die mitte des praepalatum fallen kann. Die lösung dieses über-mässig grossen verschlusses geschieht ähnlich wie die des k. Es bildet sich zunächt von hinten anfangend durch senkung der zungenmitte eine schmale rinne, durch welche der luft-strom hindurch muss, ehe er den eigentlichen verschluss durch-brechen kann. Auch dieser durchbruch ist anfangs schmal und es ertönt daher im anschluss an ihn ein kurzer reibelaut (wesentlich χ'). Der ganze laut ist t, das sogen. mouillierte t. Sein verschluss ist, zum theil in folge der convexität des alveolargebietes, fester als der des k. Spricht man $\chi't$, so beschränkt sich der verschluss auf eine schmale stelle des supraalveolargebietes (abb. 8). Dieses ist nun aber über-haupt die gewöhnliche form des t-verschlusses (abb. 9); der laut ist genau derselbe wie der von abb. 7, woraus sich klar ergiebt, dass der volle verschluss des praepalatum auf abb. 7 gar nicht nöthig, weil unwirksam ist. Trotzdem ist t der unmittelbar vor k liegende verschlusslaut und zwischen t und k ist kein laut möglich.

Wir sind an einem der wichtigsten punkte unserer unter-suchung angelangt. Wir haben gefunden, dass durch blosses vorrücken eines ursprünglichen k-verschlusses bis zum prae-palatum eine änderung im wesen der anfangs reinen explosivlaute vor sich geht, indem dieselben einen ansatz von $\acute{s}$ oder χ bekommen. Es ist dies der vorgang, den man

bisher gewöhnlich als einschiebung eines parasitischen jot bezeichnet hat. Die fraglichen laute *k* und *t*
sind weder reine *k*- noch reine *t*-laute, liegen aber offenbar
auf der grenze zwischen beiden. Es handelt sich also um
folgende punkte: 1. welches ist der unterschied zwischen
den *t*- und den *k*-lauten im allgemeinen; 2. in wiefern
unterscheiden sich *t* und *k* von ihnen und woher
kommt jener fricative ansatz; 3. welches ist also das
wesen der *t*- und *k*-laute? —

Was den unterschied zwischen *t* und *k* betrifft, so hat,
wenn ich mich recht erinnere, darüber nur Brücke ausführlicher gesprochen. Er meint, es komme wesentlich auf die
grösse des hinter dem verschluss liegenden hohlraums an, der
beim *t* eben beträchtlich grösser sei als beim *k*. Das kann
jedoch nicht richtig sein; zwei laute, die *ceteris paribus* nur
durch die grösse eines abgesperrten hohlraums verschieden
sind, müssten unbedingt wesensgleich sein nur mit ver-
schiedener höhe des eigentons, wie zum beispiel die verschiedenen *k*-laute vom postvelaren bis zum mediopalatalen,
die thatsächlich diesen voraussetzungen entsprechen. — Man
könnte nun vielleicht vermuthen, dass die richtung des ex-
spirationsstromes bei der explosion, welche bei den *k*-lauten
wesentlich wagrecht, bei den *t*-lauten mehr von oben nach
unten ist, oder dass der ort der articulation an und für sich
massgebend wäre —: auch das trifft nicht zu. Zum beweise
braucht man nur mit der zungenspitze etwa am postpalatum
einen verschlusslaut zu bilden (was bei nicht zu kurzem
zungenbändchen ganz gut möglich ist); dieser laut kann dieselbe tonhöhe wie der gleichortige *k*-laut haben, ist aber doch
seinem charakter nach ein *t*-laut. Auch der unterschied von
zungenspitze und zungenrücken allgemein gesagt, genügt nicht:
niemand wird ein dorso-alveolares *t* mit einem *k* verwechseln,
während dorso-alveolares und apico-alveolares *t* kaum im
klange von einander zu scheiden sind. Es ergiebt sich also
mit nothwendigkeit, dass der vordere theil des zungenrückens und die zungenspitze (beide für *t*-laute geeignet)
und der hintere theil des zungenrückens (nur für *k*-arti-
culation brauchbar) in einem bestimmten gegensatz stehen. Das ist nun in der that der fall.

Jeder weiss und kann es sofort im spiegel beobachten,

dass die zungenspitze (im weiteren sinne gefasst) viel beweg-
licher ist als der übrige theil der zungenmasse, welche durch
das zungenbändchen auf den boden der mundhöhle so weit
festgehalten ist, dass sie sich nur convex nach oben erheben
kann, während die zungenspitze in ihrer bewegung nach keiner
seite behindert ist. Dazu kommt, dass grade die mittellinie
des zungenrückens am meisten durch das zungenbändchen ge-
fesselt wird an der stelle, wo dieses unterhalb an der zunge
festsitzt.[1]) In folge dessen liegt, wenn das vordere mediodorsum an den gegenüberliegenden theil des gaumens (d. i. die
praepalatalgegend) angedrückt wird, der hauptdruck nicht auf
der mitte der zunge. sondern auf zwei muskelstreifen, welche
der mittellinie parallel laufen und sich erst an der grenze des
prae- und mediodorsum allmählich vereinigen. In folge dieser
eigenthümlichkeit sind alle k-verschlüsse in der mittellinie der
zunge weniger fest als an zwei punkten neben derselben, und
werden daher an dieser stelle zuerst gelöst, was am stärksten
am vorderen mediodorsum hervortritt, wo, durch die gestalt
des vorderen gaumendaches begünstigt, eine deutliche rinnenbildung stattfindet. Dagegen sind die verschlüsse der zungenspitze und des praedorsum in der mittellinie am festesten und
werden durchaus exact ohne jedes nebengeräusch mit einem
schlage gelöst, während die verschlusslösung der k-laute etwas
unreines, kratzendes hat, so dass bei starkem exspirationsdruck (z. b. in oberdeutschen bes. schweizer mundarten) leicht
ein *kchu* statt *ka* entsteht. Unvermeidlich aber ist ein fricativer ansatz in folge des schon angedeuteten zusammentreffens
günstiger bedingungen beider articulierenden theile am praepalatum, also zunächst bei k', welches sich von den weiter
hinten liegenden k-lauten nur quantitativ nicht qualitativ
unterscheidet, insofern es die gewöhnliche lösung der k-ver-
schlüsse (also von der mitte aus) hat, nur dass in folge der
gestalt des gaumens die rinnenbildung sich ein be-
trächtliches stück nach vorne erstreckt und daher
leicht ein deutlicher fricativlaut (χ'-$\check{s}$) jedenfalls aber
ein fricativer ansatz der verschlusslösung sich anschliesst.

---

[1]) Den rücken der zungenspitze bis zu diesem punkte wollen wir praedorsum nennen, den rest des zungenrückens bis zum kehldeckel in drei
gleiche theile getheilt mediodorsum postdorsum und radix (linguae).

Etwas anders ist die natur der *t*-laute. Der eigentliche (supraalveolare) verschluss wird mit dem grenzgebiet von medio- und praedorsum gebildet und ist seinem wesen nach mehr *t*- als *k*-verschluss. Der fricative ansatz wird dadurch hervorgerufen, dass unmittelbar hinter der hauptverschlussstelle die beiden muskelstreifen seitwärts der zungenmittellinie sich an das praepalatum anlegen. während die mittellinie entweder überhaupt oder doch im entscheidenden moment der supraalveolaren verschlusslösung das praepalatum nicht berührt, sondern mit demselben eine lange rinne bildet, die meist bis ins mediopalatum reicht.

Der unterschied zwischen den *t*- und *k*-lauten besteht also darin. dass die explosion der letzteren weniger rein ist als die der ersteren: doch sind die fricativen elemente bei der verschlusslösung so gering, dass sie in keiner weise als selbständige laute aufgefasst werden können. Es giebt zwei laute. welche mir akustisch in demselben verhältniss zu stehen scheinen. wie *t* und *k*. Ein absolut reiner verschlusslaut vielleicht noch reiner als *t* ist *p*. welches durch verschluss beider lippen hervorgebracht wird: bildet man dagegen einen verschluss zwischen der unterlippe und den oberzähnen (ein laut, der allerdings selten vorkommt; er möge durch *π* bezeichnet sein), so ist die lösung desselben wegen der unebenheit der zähne in ähnlicher weise unrein wie die *k*-laute.

t und *k* sind explosivlaute. welche von einem mehr oder weniger deutlichen fricativen ansatz begleitet sind; dieser fricative ansatz, welcher durch rinnenbildung hervorgerufen wird, entwickelt sich bei den *t*-lauten häufig zu einem deutlich vernehmbaren *χ'*. Der ort der rinnenbildung ist in beiden fällen das praepalatum. mit dem unterschiede jedoch, dass bei *k* die hauptverschlussstelle wesentlich an der rinnenbildung betheiligt ist (was dem charakter der *k*-laute entspricht), während letztere beim *t* erst unmittelbar hinter dem supraalveolaren verschluss einsetzt. aber meist viel stärker ausgeprägt ist als bei *k*.

Es entsteht nun die frage, ob wir *k* und *t* als einfache oder als zusammengesetzte laute aufzufassen haben. Die antwort hängt von der definition des „einfachen“ lautes ab. Ich möchte die einheit articulatorisch fassen im gegensatz zu der akustischen; dann müssen wir sagen: „Ein einfacher laut ist ein solcher, der durch eine einzige articulatorische bewegung hervorgebracht wird."[1]) Hiernach haben wir k und t als einfache laute aufzufassen, da die hin- und rückbewegung der zunge eine gleichmässig fortschreitende ist. Dass bei der letzteren ein momentanes reibegeräusch entsteht, ist nicht die folge einer selbständigen, absichtlichen bewegung, sondern eine durch die anatomischen verhältnisse hervorgerufene, unvermeidliche, unbeabsichtigte nothwendigkeit.

Ein mittelding zwischen einfacher und zusammengesetzter articulation entsteht, wenn man z. b. bei t unmittelbar nach der verschlusslösung eine pause in der bewegung der zunge eintreten lässt, wodurch das t zu einem $t\chi$ wird. Diese art laute will ich „combinationslaute" oder „combinierte laute" nennen, weil in einem hin- und rückgang der organe durch eine unterbrechung der bewegung der akustische effect zweier selbständigen laute hervorgerufen wird.[2])

Mit dem laute t sind wir in gewisser beziehung zu dem äussersten punkte der verschiebung gekommen, welche eine k-articulation nach vorne machen kann. Bis hierher ist der kieferwinkel beim vorrücken der articulationsstelle ziemlich oder ganz gleich geblieben; dasselbe gilt von der lage des apex linguae, nur dass das praedorsum durch die verschiebung der zungenmasse näher an die unteren schneidezähne herangerückt worden. Ein weiteres herabsinken der verschlussstelle über den gipfel der convexität der alveolen nach unten ist, wie aus abbildung 9 ersichtlich, nicht möglich, ohne dass

---

[1]) Damit ist nicht gesagt, dass ich nur ein einziges organ bewegen dürfe. Wenn ich *ana* spreche, wird am anfang des *n* gleichzeitig der nasenverschluss geöffnet und die zunge zum alveolarverschluss gehoben, am ende des *n* werden beide bewegungen gleichzeitig rückgängig gemacht. Eine zusammengesetzte articulatorische bewegung haben wir z. b. bei x (= ks): 1. Der zungenrücken bildet postpalatalverschluss; 2. die zungenspitze hebt sich zur alveolarengenbildung, 3. der postpalatalverschluss explodiert (und es schliesst sich unmittelbar das alveolare reibegeräusch an), 4. die zungenspitze geht zur ruhelage oder nächsten lautbildung über. Hier haben wir (1 + 3) + (2 + 4) zwei articulationen, jede mit hingang und rückgang der betreffenden organe.

[2]) Hierher gehörte die besprechung aller mouillierten laute; ich lasse dieselben um den zusammenhang der rein experimentellen betrachtungen nicht zu stören, erst weiter unten folgen.

der kieferwinkel etwas kleiner wird und das praedorsum selbst sich hebt und in action tritt. Damit kämen wir in das gebiet der reinen t^3-articulationen, welche an und für sich keine rinnenbildung nöthig machen. Eine zwischenstufe giebt es insofern, als man durch verkleinerung des kieferwinkels und weniger starke hebung des mediodorsum gegen das prae- und mediopalatum allerdings eine art t-laut hervorbringen kann, des fricativer ansatz annähernd $\acute{s}$ ist (abbildung 10).

Soll nun aber doch die articulationsstelle weiter nach unten rücken, so sind zunächst zwei weiterentwicklungen des t möglich. Unser t ist aus einem einfachen explosivlaut k entstanden; der fricative ansatz, welcher in der praepalatalgegend entstehen musste, kann sehr schwach sein; dann ist es natürlich wohl möglich, dass im alveolargebiet nun eine reine t-articulation aus dem unreinen explosivlaut t entsteht. Wir haben also die entwicklungsreihe $k \succ \varkappa \succ k' \prec t' \succ t^3$. Die sprachgeschichte zeigt uns, dass diese entwicklung vorkommt; aber sie ist verhältnissmässig selten. Gewöhnlicher ist es, dass der fricative ansatz des t sich als selbständiger lautwerth im akustischen gefühl des volkes fixiert hat; dann tritt an stelle der reinen t-articulation eine k-artige, indem der praedorsale alveolarverschluss zunächst nur auf der mittellinie gelöst wird, so dass wir statt t^3 den combinierten laut $t^3 s^3$ erhalten (abbildung 11).

Ob nun der verschluss noch etwas tiefer bis zur grenze von alveolen und zähnen sinkt, ist für den klang ziemlich gleich; es gehört dazu nur eine weitere verringerung des kieferwinkels und fortschreitende hebung des apex; tritt dieser ganz hinter den unterzähnen hervor, so bekommen wir statt $t^3 s^3$ ein rein dentales $\tau\beta$. Damit ist thatsächlich die letzte verschiebung der verschlussstelle geschehen. Zu bemerken ist nur noch, dass statt des akustisch festgehaltenen $t^3 s^3$ auch ein $t^1 s^1$ eintreten kann.

Die sprachgeschichte legt uns nahe, dass ausser t, ts, $\tau\beta$ (oder wählen wir für diese combinationslaute einfache zeichen: t, τ) noch ein gewöhnlich $\check{c}$ bezeichneter und meist als $t\check{s}$ aufgefasster lautcomplex als organische entwicklung von k, $\varkappa$ aufzufassen sei. Wo setzt sich dieser $\check{c}$-laut als organische fortentwicklung an die eben beschriebene lautreihe an? —

Die endgiltige beantwortung dieser frage ist sehr er-

schwert durch den umstand, dass man auf ganz verschiedene
weisen einen š-laut hervorbringen kann. Ältere phonetiker
haben oft den ihnen gebräuchlichen š-laut für den einzig möglichen genommen, andere haben die natur des š vollständig
verkannt;[1]) für uns fallen mit den gaumenbildern alle zweifel
an der richtigkeit des eigenen ansatzes fort.

Ich glaube derjenige ansatz hat die meiste wahrscheinlichkeit für sich, der die geringste abweichung von der ursprünglichen articulationsart zeigt. Das ist folgender:

Wenn wir von t' ausgehend den mittelzungenrücken weniger heben als zum t nothwendig ist ohne die verschlussstelle zu verschieben, so wird das vorher nach der mittellinie
zu stark gewölbte mediodorsum flacher werden. In folge
dessen wird der verschluss an den oberen alveolen breiter
explodieren als vorher und der fricative ansatz wird daher
nicht š sondern š klingen. Um aus ungefähr derselben zungenlage wie auf abbildung 10 ein ts' zu sprechen, bedarf es
einer besonderen anstrengung,[2]) und das š in abbildung 10
ist schon dem s^3 sehr nahe. —

Dieser č-laut hat als fortsetzung von t' vor der entwicklung zu t^3 das voraus, dass er mit demselben gebiet der zunge
gesprochen wird wie t, nämlich mit dem mediodorsum, während bei t^3 das praedorsum den verschluss bildet, was sich
durch theilweises färben der zunge sehr leicht sicher bestimmen lässt. Das bild von č auf abbildung 12 zeigt noch
deutliche rinnenbildung. Die explosion klingt der des t' sehr

[1]) So sprach, um nur einige beispiele zu geben Chladni nur ein
eigenthümliches š³, Raumer und selbst Rumpelt nur š. Trautmann
dagegen setzt meiner ansicht nach mit unrecht ausser den richtigen auch
einen dentalen š-laut an. Brücke's s'χ² ist bekannt genug; auch Lyttkens & Wulff sind ganz fehlgegangen in diesem punkte.

[2]) Man halte mir nicht entgegen, dass ich hiermit meiner sonstigen
ansicht über die unzulässigkeit eines ausdruckes wie: „dieser laut war zu
schwer; er wurde deshalb in . . . verwandelt" widerspreche. Es giebt
laute, die nicht relativ sondern absolut schwierig sind; sie werden sich
aber auch kaum als regelrechte sprachlaute finden. In unserem falle ist
die starke wölbung des vorderen mediopalatum von hinten nach vorne ein
rein physikalisches hinderniss für eine schmale rinnenbildung, während eine
breite nicht schwierig ist. — Aus diesem grunde habe ich auch oben p.
10 Trautmanns apicopraepalatales $ḅ$ ausgelassen. Man kann diesen
laut wohl bilden; aber ich glaube nicht, dass er irgendwo vorkommt und
deshalb gehört er nicht in das system.

ähnlich, nur dass der fricative ansatz aus dem klange χ schnell
zu $š$ und $ś$ übergeht, so dass meist auf dem $ś$ der nachdruck
ruht; doch kommt auch ein $č$-laut vor, bei dem das $\chi š$ stärker hervortritt als das $ś$, ich bezeichne ihn mit $č$, seinen fricativen ansatz mit $š$. Bei alle dem ist wohl zu beachten, dass
das richtige $č$ ein einfacher unreiner explosivlaut oder ein
combinierter laut ist und genau in dem verhältniss eines t'
steht. Es wäre durchaus falsch, unser $č$ als $t + š$ aufzufassen, die zerlegung in $tš$ bezeichnet nur äusserlich die
auseinandergezerrten theile des $č$. Eine weiterentwicklung
des $č$ zu wirklichem $t^š š^š$, vielleicht auch weiter zu $t^1 š^1$ und
ähnlichen lautverbindungen kann eintreten; doch glaube ich,
dass dieses in der regel nicht der fall ist.

Ob eine sprache t zu $č$ oder zu t^s etc. weiter entwickelt,
hängt jedenfalls von bestimmten bedingungen ab; wir finden
zu derselben zeit in derselben gegend immer nur einen von
beiden lautwandlungen und vorläufig ist noch nicht nachgewiesen, dass t und $č$ mit einander direct verwandt sind.
Welcher art die bedingungen sind, kann ich nicht nachweisen,
doch glaube ich, dass die weiterentwicklung des t nach t oder
$č$ hin von dem ausgang eines kampfes zwischen dem akustischen gefühl und dem bewegungsgefühl abhängt. Behält das
erstere die oberhand, so tritt durch beträchtliche verschiebung
der zungenlage ein t ein, welches im klange dem t' ziemlich
nahe steht: bleibt dagegen die zungenlage in der hauptsache
unverändert, so kann der klang stärkere veränderung erfahren, wie es bei dem wandel von $t - č$ der fall ist.

Für sehr wesentlich halte ich den umstand, dass $č$ so viel
mir bekannt, immer mit sehr kleinem kieferwinkel gesprochen
wird, meist werden die oberen und unteren schneidezähne sehr
nahe an einander gebracht, wozu ein vorschieben des unter-
kiefers nothwendig ist. Diese bewegung des kiefers steht
wahrscheinlich mit der weniger starken erhebung des mediodorsum gegen das mediopalatum in ursächlichem zusammenhang. Thatsache ist wenigstens, dass, wenn man den t'-ver-
schluss bildet, und darauf die zahnreihen in angegebener weise
nähert, die explosion $č$ erklingt; die implosion des t und $č$ ist
vollständig die gleiche.

Ich glaube hiermit die physiologischen eigenthümlichkeiten,
welche den verschlusslauten der praepalatalgegend anhaften,

im allgemeinen klar gelegt zu haben. Ich habe der einfachheit halber immer nur von dem stimmlosen einfachen explosivlaut gesprochen, es ist selbstverständlich, dass die stimmhaften verschlüsse ohne, und auch die mit anderweitigen öffnungen (also sowohl g, γ, $\acute{g}$, $\acute{d}$, $\acute{g}$ als auch v, $\acute{v}$, $\acute{n}$ l etc.) wesentlich denselben veränderungen unterliegen. Das einzelne will ich weiter unten bei betrachtung der sprachlichen beispiele genauer ausführen. Hier möge nur noch eine zusammenhängende besprechung aller sogenannten mouillierten laute folgen.

Die sogenannten mouillierten laute.

In der historischen übersicht habe ich schon mehrfach angedeutet, dass es durchaus unzulässig ist, alle die laute, welche im russischen jeriert vorkommen, ohne weiteres als eine besondere klasse von lauten aufzufassen. Kurz gesagt: nur diejenigen von ihnen, welche sich als unreine explosivlaute oder aus solchen entstandene combinierte laute darstellen, haben anspruch auf einen besonderen namen; alle anderen sind, wie Brücke angiebt, verbindungen von zwei lauten, oder ganz gewöhnliche, einfache consonanten ohne besondere eigenthümlichkeit. Ich werde in zukunft den ausdruck mouillierte laute deshalb möglichst vollständig vermeiden; die laute müssen ohne ausnahme nach articulationsort und -art bezeichnet werden. Die einfachsten sog. mouillierten laute sind $\acute{k}$ und $\acute{t}$, deren natur nach dem oben gesagten vollständig klar sein wird: sie sind wesentlich dorso-praepalatale explosivlaute, welche infolge bestimmter anatomischer und physiologischer eigenschaften der articulierenden organe einen mehr oder weniger deutlichen fricativen ansatz haben. Spricht man diese laute mit gleichzeitigem stimmton so bezeichnen wir sie $\acute{g}$ und $\acute{d}$. Wird bei der articulation eines $\acute{g}$ und $\acute{d}$ die velar-pharyngale nasenöffnung nicht geschlossen, so erhalten wir ein $\acute{v}$ und $\acute{n}$ (letzteres ist das sog. mouillierte n der romanischen und slavischen sprachen). Werden bei articulation eines $\acute{d}$ durch seitliche zusammenziehung der zungenmasse an den hinteren backzähnen laterale öffnungen gebildet, so ertönt statt $\acute{d}$ ein l (mouilliertes l).

Um eine deutlich hörbare explosion hervorzubringen ist es nothwendig, dass vorher eine luftcompression stattfindet, was

nur in einem allseitig geschlossenen raume möglich ist, z. b.
bei *p, b. t, d, k, g, t', d'*. Die sogenannten nasale *m, n, v* sind
verschlusslaute, wie *b, d, g*, mit denen sie in lippen- und zungenarticulation vollständig übereinstimmen; ihre verschlusslösung ist jedoch fast unhörbar, da die luft, welche aus der
lunge hervorgetrieben wird, durch die nase entweicht und sich
nicht im munde comprimieren kann. In ähnlicher weise entweicht die luft bei den *l*-lauten durch die seitlichen öffnungen
hinter dem verschlusse der zungenmittellinie. Trotzdem also
die verschlusslösung in der regel fast unhörbar ist, müssen
alle diese laute unbedingt als verschlusslaute behandelt werden, so gut wie die nasalierten vocale doch immer als vocale
bezeichnet werden. Jede bezeichnung als liquide oder nasale
schlechtweg führt zu unklarheiten. — Nach dem gesagten ist
klar, warum auch die unreinheit der explosion, welche bei *t'*
und *d* deutlich hörbar ist, bei dem ebenso articulierten *n* und
l kaum vernehmbar und also ein „mouilliertes" *n, l* ebenso
wenig *nj. lj* sein kann wie ein *n* gleich *nd* ist. Als combinierter laut ist *n* und *l* streng genommen auch nicht *nj, lj*, denn
die nasale bezw. laterale öffnung dauert während des *j* noch
fort. Nun sind aber fricativlaute mit gleichzeitiger neben-
öffnung, wie wir weiter unten im zusammenhange genauer
darstellen werden, als regelrechte sprachlaute kaum gebräuchlich; es kann deshalb leicht vorkommen, dass in demselben
moment, wo der mediane verschluss der zunge bei *l* und *n*
gelöst wird, die laterale oder nasale öffnung sich schliesst,
dann entsteht ein *lj, nj*. Tritt der nebenverschluss ein, ehe
der hauptverschluss gelöst ist, so wird die luft in der mundhöhle comprimiert und die hauptverschlusslösung zur deutlichen explosion; dann müssen wir *l* und *n* als *ld, nd*, oder
ldj, ndj darstellen, dürfen jedoch nicht von der „einschiebung" eines *d* oder *d'* sprechen, denn die zungenarticulation
hat nicht die geringste änderung erfahren; es ist kein neuer
laut aufgetreten!

Wie *n : d, n : d'* so verhält sich *v* zu *g*. *v* findet sich
zuweilen als vertreten von *n*, von dem es im klange sehr wenig verschieden ist; ebenso findet sich auch sicher ein *l*, das
dem *g* entspricht, ich will es vorkommendenfalls *l* bezeichnen. — Sämmtliche nasalen verschlusslaute und *l*-laute können
natürlich auch stimmlos hervorgebracht werden. Als „mouil-

lierte" laute, d. h. unreine explosivlaute sind also zu bezeichnen $g\ k'\ \mathring{v}\ \mathring{n}\ \mathring{l}\ \lambda'$; $d'\ t'\ \mathring{n}\ \mathring{v}\ \mathring{l}'\ \lambda'$.

Die fricativlaute der praepalatalgegend $\chi'\ j',\ \acute{s}\ \acute{z},\ \acute{s}'\ \acute{z}'$ haben durchaus dieselbe articulationsart wie die übrigen fricativen, welche zwischen der zunge und dem palatum, velum oder den alveolen und zähnen gebildet werden; charakteristisch ist ihr sehr hoher ton. Dieselben als „mouillierte laute" oder sonst wie besonders zu bezeichnen liegt kein grund vor. Wie sie gewöhnlich entstehen, werden wir an anderer stelle betrachten

Die jerierten labialen der Russen entsprechen genau den schwedischen lautverbindungen mit j wie $mj\ bj$ etc. Bei diesen lauten kommen immer zwei articulationsstellen in thätigkeit; die lippen (bezw. unterlippe und oberzähne) und die hintere praepalatalgegend (oder auch wohl das mediopalatum). In verbindungen wie bj und pj (oder richtiger $p\chi'$, denn der j-laut assimiliert sich im stimmton dem vorangehenden consonanten) kann natürlich die hebung des mediodorsum zwar schon während des p-verschlusses erfolgen, aber doch erst nach der öffnung desselben lautbildend wirken. Dasselbe wird auch von vj, fj gelten, insofern zunächst die labiale enge gebildet wird, dann, während der labiale fricativ ertönt, die zunge gehoben wird bis die hintere enge so schmal geworden, dass sie lautbildend wird, worauf die vordere enge zurückgeht. Gleichzeitiges ertönen des v und j ist wohl möglich, aber schwerlich gebräuchlich. Diese lautverbindungen haben akustisch viel ähnlichkeit mit combinierten lauten wie $t'\chi'$, da im moment der verschlusslösung sofort ohne pause und übergangslaute durch die enge der reibelaut ertönt; sie können aber wegen der doppelten articulationsstelle niemals auf dieselbe stufe gestellt werden wie die unreinen explosiven t' und k', welche durch e i n e articulationsbewegung hervorgebracht werden.

Ein „mouilliertes r", das in seinem wesen dem d' entspräche, ist schlechterdings unmöglich. Um ein r hervorzubringen ist immer eine hebung des zungensaumes nothwendig, was sich mit gleichzeitiger hebung des mediodorsum nicht vereinigen lässt. Das polnische rz und böhmische $\check{r}$ haben nur schwache vibration des zungensaumes, der die articulation eines $\acute{z}^1$ unmittelbar folgt, oder es wird nur ein $\acute{z}^1$ gesprochen mit gleichzeitiger schwacher vibration des zungensaumes. In den romanischen sprachen wird meist entweder das r oder das j

der ursprünglichen verbindung *rj* ganz aufgegeben, oder es treten sonstige veränderungen ein.

Was die sprachliche bezeichnung der sogen. mouillierten laute betrifft, so ist dieselbe entweder eine historische, indem eine der hauptquellen dieser laute zur bezeichnung des späteren produktes beibehalten und verallgemeinert wird, so im it. *gn* = *ń*, *gl* = *l*, sp. *nn* *ñ* = *ń*, *ll* = *l*, oder eine phonetische. Letztere liegt besonders im prov. pg. *nh* = *ń*, *lh* = *l* vor; ebenso findet sich nicht selten in alter und neuer zeit ein *th* = *t'*; in der that war die verwendung des *h* für den fricativen ansatz, da es sonst als lautzeichen nicht mehr gebraucht wurde, ein sehr glücklicher gedanke; weniger gut war *ny ly*, das ebenfalls häufig gebraucht wird.

Aus dem oben p. 31 f. gesagten geht hervor, dass ich den laut des it. *c(i) č* als einen dem *t'* naheverwandten auffasse, er kann also als „eine art mouillierter laut" bezeichnet werden. Während über die echten mouillerten laute, wie aus der oben gegebenen historischen skizze der älteren anschauungen, grade in den letzten jahrzehnten die unklarsten ansichten herrschten, ist die natur des *č* von einigen gelehrten richtig erkannt worden. Ich will diese bemerkungen hier nachtragen. Ascoli gebührt das verdienst, die alte ansicht *č* sei gleich *tš* oder gar *tš* zuerst erfolgreich angegriffen zu haben.

Er sagt in seinen vorlesungen über vergl. lautlehre des sanskr., griech. und lat. 1872 ausdrücklich, dass das it. *c* in *selce, vincere* weder ein reines *t* noch ein reines *š* enthalte, sondern ein momentaner complexlaut sei, dessen verschluss „höher hinauf als bei den gewöhnlichen dentalen, also in der nähe der gaumenwölbung"[1]) liege. Fast genau dasselbe behauptet von dem entsprechenden slavischen laut Potebnja (Jagić' archiv für slav. phil. III p. 358 anm.). Bühler (leitfaden für den elementarcursus des sanskrit. Wien 1883) beschreibt die skr.-palatalen als „mouillierte dentale mit nachklingendem zischlaut." Von den physiologen scheint, wenn ich nichts übersehe, Hoffory (der sich auf Thomsen beruft) der einzige zu sein, der *č* richtig auffasst. Er sagt Kz. XXIII. p. 539 f.: „Eine eigene art mouillierter laute sind die, welche man im italienischen mit *c(i), g(i),*

---

[1]) l. c. p. 206 des originals

im englischen mit *ch, j*, im magyarischen mit *cs. ds* bezeichnet."
Sie sollen nach Hoffory, der sich auch auf Ascoli stützt,
nicht zusammengesetzt sein; von der articulationsstelle heisst
es: „Man wird schwerlich zu einem sichern ergebniss gelangen,
wenn man nicht eine neue dentale lautstufe annimmt, die
zwischen der alveolaren und der cerebralen ungefähr in der
mitte liegt." H. nennt sie gingival mit der bezeichnung t^x
und sagt: „Die verschluss-, *l*- und reibelaute dieser klasse
kommen meines wissens nicht „rein" in den sprachen vor; wenn
man aber t^x, d^x mouilliert, erhält man genau das ital. *c(i)*,
g(i). Bei der hervorbringung dieses lautes berührt nämlich die
zunge weder die alveolen der oberzähne noch das gaumendach,
sondern bedeckt mit ihrem vorderen theil eine strecke des gaumens, die zwischen diesen beiden extremen ungefähr in der
mitte liegt." Alles dieses stimmt vollständig mit dem von uns
gefundenen überein.[1])

---

[1]) Charakteristisch ist die „neue dentale lautstufe." Derartige neue
lautstufen zu entdecken ist natürlich ein beweis für die völlige unzuläng-
lichkeit der angewandten gebietseintheilung. Dass t^x d^x l^x etc. nicht vorkommen sollen ist ebenfalls sehr sonderbar; wir haben absolut sicher fest-
gestellt, dass Hofforys t^x d^x etc. gleich unseren *t d* sind, also die
einzigen laute, die eventuell den namen „mouillierte" verdienen, von denen
H. a. a. o. ausführlich handelt. Man sieht wie unklar die anschauungen
der „verschmelzungstheorie" in betreff der „mouillierten" laute sind (cf.
oben p. 18).

II. Zur geschichte der palatalen.

I. Historischer theil.

Jedermann glaubt den übergang von *k* in *c*
im asl. *raci* aus *raki* einzusehen, und wie schwierig ist es doch von *k* zu *c*, d. i. *ts*, den weg zu
finden! Er scheint bis jetzt nicht gefunden. Was
sich häufig ereignet, das glaubt man zu verstehen.
Miklosich, vergl. gram. d. slav. spr. II p. XII.
Wien. 1875.

Ehe ich dazu übergehe, die im vorigen abschnitt gewonnenen physiologischen resultate auf die sprachgeschichte anzu-
wenden, will ich kurz berühren, wie man bisher diese vorgänge zu erklären versucht hat. Es wird sich herausstellen,
dass die aus der sprachgeschichte bekannten lautformen meist
in ihrer reihenfolge richtig erkannt sind; nur hatte die un-
kenntniss der physiologischen beziehungen, welche von den
hauptvertretern wie Ascoli und Miklosich offen eingestanden
wurde, die nachtheilige folge, dass man den zusammenhang
einzelner lautstufen durch nicht belegte zwischenlaute klar
machen wollte, wodurch der wahre sachverhalt oft nur dunkler
wurde. Alle hier und da verstreuten bemerkungen über „palatalisierung" zu sammeln, wäre zwecklos; ich beschränke
mich auf einige beispiele.

Am ausführlichsten hat sich von den sprachforschern
Ascoli in seiner vergleichenden lautlehre über die vor-
liegenden fragen ausgesprochen. Er sagt (l. c. p. 43[1])): „Zu
den häufigsten affectionen der ursprünglichen consonanten
gehört im arischen systeme, dass sich hinter einigen derselben ein parasitischer reibelaut, und zwar vorzugsweise
j (*nj, lj, kj* usf.) ansetzt. Diese art die erscheinung zu be-

---

[1]) Ich citiere die seiten des originals, die ja in der deutschen übersetzung angegeben sind.

schreiben ist allerdings einigermassen bildlich, und wir bequemen uns in diesem und in anderen fällen derart zu einer etwas metaphorischen sprache, um den feinheiten der physiologischen specialitäten auszuweichen; es wird indess eine zeit kommen, wo wir durch dieselben immer eine weit grössere anschaulichkeit gewinnen werden, als diejenige ist, in welcher wir uns jetzt dadurch, dass wir sie vermeiden zu behaupten meinen.‟

Der ausdruck „parasitischer reibelaut‟, den Ascoli nur mit allem vorbehalt gebraucht, war vielleicht nicht glücklich gewählt, weil er viel zu bestimmt und klar war für eine ziemlich mannigfaltige sprachliche erscheinung, aber wenn wir auch die oft recht äusserliche operationsweise mit diesem parasiten, welche nach Ascoli, zum theil auch wohl schon durch ihn aufkam, nicht billigen können, so liegt doch jenem „parasitischen jot‟ eine physiologische eigenthümlichkeit zu grunde, nämlich die oben erwähnte nothwendige rinnenbildung bei dorso-praepalatalem verschluss und der dadurch hervorgerufene übergang von reinen explosivlauten zu unreinen.

In zukunft wird man jedenfalls gut thun, den bequemen aber missverständlichen und ungenauen ausdruck „parasitischer *j*-laut‟ zu vermeiden und durch eine für jeden einzelnen fall den verhältnissen entsprechende beschreibung der physiologischen einzelheiten ersetzen. Ein ausdruck, der „die feinheiten der physiologischen specialitäten vermeiden‟ will, kann in keiner physiologischen beschreibung gebraucht werden, ist also höchstens in einer buchstabenstatistik, nicht in einer lautlehre verwendbar. Zu dieser gefährlichen art bequemer ausdrücke gehören noch manche anderen nicht minder beliebten, wie „quetschung‟, „palatalisierung‟, „erweichung‟, „verhärtung‟, „steigerung‟ u. a. m. Mancher, der sie angewandt hat, wäre sicher nicht im stande gewesen, sie an jedem einzelnen ort durch eine definition oder eine beschreibung des physiologischen vorgangs zu ersetzen. — Es soll dieses weniger ein vorwurf für die vergangenheit als vielmehr eine warnung für die zukunft sein.

Ausdrücke wie die angeführten sind nicht immer zu entbehren, sie gleichen der dämmerung, die dem tage vorausgeht, sie bezeichnen einen geahnten aber noch nicht klar erkannten zusammenhang. Wer sich dessen bewusst ist, mag sie gebrauchen, wie Ascoli es an der oben citierten stelle thut. Sobald wir aber die ahnung durch die erkenntniss ersetzen können, müssen wir dieselbe in jedem falle durch exacte beschreibung und definition an stelle eines nebelhaften wortes wiedergeben.

Aus dem gesagten ergiebt sich, dass das, was Ascoli im folgenden über den ursprung des schmarotzerlautes sagt, nicht zur klarheit führen kann; denn er hatte es in der that nicht, wie er meinte, mit einem gewöhnlichen *j* zu thun.

Um nun den wandel k — $\check{c}$ zu erläutern, beginnt Ascoli mit der verschiebung des velaren k zum palatalen k (etwa unserem $\varkappa$), „dessen verschluss sich in der weise bildet und löst, dass dadurch die entwicklung des palatalen vocals i und sodann der ihm entsprechenden fricativa begünstigt wird." Dann fährt er fort (p. 202 f.): „Dieser palatale dauerlaut, ein ausnehmend kecker eindringling. geht rasch von stufe zu stufe in verwandte laute von immer grösserer stärke über, indem er den verschluss der ihm vorangehenden explosiva immer weiter gegen die zahnwurzeln vorschiebt, so dass, an einem bestimmten punkte, es dazu kommt, dass die beiden elemente, einerseits von dem streben die aussprache zu erleichtern, andrerseits von der akustischen affinität fortwährend beeinflusst, zu einem einzigen ($\check{c}$) zusammenschmelzen; daher erhalten wir, für das sanskrit sowohl als für andere spracharten, die approximative reihe: k^i kj $k\check{z}$ $^k\check{s}$ ($^t\check{s}$) $k.$[1]"

Der schwerste einwand gegen diese reihe ist schon von Schuchardt (KZ. XX. p. 294) richtig gefunden: $k\check{z}$ und $^k\check{s}$ sind nicht belegt und zwischen kj und $t\check{s}$ steht ein tj. Eine weitere eingehende widerlegung wird nicht nöthig sein; es ist ja klar, dass von dem wirklichen einschieben eines i oder j, und folglich auch von den weiterentwicklungen und wirkungen dieses lautes keine rede mehr sein kann. — Eine ganz ähnliche reihe stellte Kapp[2] auf: ki-$k^i i$-kji-tji-($t\check{z}i$) $\left\{ \begin{smallmatrix} t\check{s}i\text{-}tsi\text{-}si \\ d\check{z}i\text{-}dzi\text{-}zi \end{smallmatrix} \right.$ Auch diese enthält mehrere fehler. Ein für alle mal sei hier bemerkt, dass die schreibung kj tj streng genommen überhaupt

---

[1] k = unserem $\check{c}$, dessen natur Ascoli richtig erkannt hat, cf. oben p. 36.

[2] Stefan Kapp, Die griechischen und lateinischen gutturallaute im neugriechischen und in den romanischen sprachen (Druck v. Gerold's Sohn, Wien, 1883) p. 28.

unzulässig ist; man spricht entweder $t\chi\iota$ oder $t\chi ja$ oder $t\iota a$, abgesehen davon, dass mit tja meist gar nicht $t\chi a$, sondern $t'a$ oder $t'\chi a$ gemeint ist. Sobald das j wirklich consonantisch ist (also nicht i), assimiliert es sich ganz oder wenigstens theilweise der stimmlosigkeit des k oder t.

Der wandel des k zu t darf nicht wie Schuchardt, Kapp und sogar Seelmann (ausspr. des latein. p. 312 ff.) es thut mit dem bekannten wechsel von $tl \gtrless kl$ zusammengebracht werden. Ein übergang von $t\check{s} \succ ts$ (oder $\check{c} \succ t$) ist meines wissens noch nirgends belegt. Man sieht also, dass die ungenaue auffassung des fricativen ansatzes von k und t' als „parasitisches j" zu unrichtigen folgerungen geführt hat.

Von anderen versuchen den übergang von k zu $\check{c}$ zu erklären, will ich nur der vollständigkeit halber die reihe $ki\ k\hbar i$ $kji\ k\chi i$ etc. anführen, welche von Karsten[1] eingehend zu begründen versucht ist. Es gehört wenig kenntniss der physiologie und sprachgeschichte dazu in jener begründung fast seite für seite grobe versehen und irrthümer zu finden.

Gegen annahme eines parasitischen lautes erklärt sich Windisch (Kuhn, beitr. z. vergl. sprachf. VIII p. 32 f.). Er meint $\check{c}$ sei = $t^3\check{s}$; t^3 entstehe aus dem vordersten k durch verschiebung des verschlusses nach vorne, $\check{s}$ sei wahrscheinlich dadurch entstanden, „dass von dem früher weiter oben am gaumen stattfindenden verschlusse her wenigstens eine enge geblieben war, durch welche nach explosion des t die luft hindurch strömt." Im ganzen genommen ist diese erklärung entschieden besser als die unbegründete einschiebung des parasiten; ganz richtig ist sie allerdings auch nicht und passt besser noch für t' ($t\chi$) als für $\check{c}$.[2]

---

[1] Gustav Karsten, zur geschichte der altfranz. consonantenverbindungen. Freiburg, 1884, p. 21 f.

[2] Wie unklar Windisch trotzdem diese wandlungen anschaute zeigt sich, wenn er p. 34 fortfährt: „Wie wenig man die annahme von parasitischen lauten bei diesen entwicklungen nöthig hat, sehen wir an der fortsetzung von lat. ca- durch frz. cha- z. b. in $chaleur$ lat. $calor$. Hier giebt es weiter keine erklärung des überganges, als dass an stelle des verschlusses am hinteren gaumen die enge getreten ist. Die für a nöthige stellung der sprachorgane mag dies hervorgerufen haben." Das stimmte doch höchstens, wenn man ch im französischen wie in dem deutschen worte „ach" aussprüche, während in der that die ältere aussprache des französischen $ch\ \check{c}$ war. Mir ist ganz unverständlich, was Windisch sonst gemeint haben mag.

Besser ist die beschreibung, welche Emil Förster (zur geschichte der englischen gaumenlaute, Anglia, Anzeiger Bd. VII p. 72. 1884) von dem vorrücken der articulationsstelle im praepalatalgebiet giebt. Nur ist es ganz unberechtigt die entstehung des reibelautes (fricativen ansatzes) auf „eine stark explosive aussprache" zurückzuführen, die doch erst nachgewiesen werden müsste und in der that wohl nicht vorliegen kann.

Der ausführlichste und auch wohl beste aufsatz über unser thema dürfte wohl sein: Hans Kirste, zum slavischen palatalismus in Jagić's Archiv f. slav. philol. V (1881) p. 377—390.

Kirste bespricht zunächst die frage „was ist ein palatallaut?" Er betrachtet als solche das slavische č ǵ t d' š ž ś ź. Versucht man ein č gedehnt auszusprechen, sagt Kirste, so ist der zweite theil des lautes sicher ein š, der anfang ist jedoch kein t sondern k, ein „dankalaut" nach Kirstes bezeichnung, dessen verschluss zwischen den articulationsstellen eines t und eines j liegt, an derselben stelle, an welcher š als der dem k entsprechende stimmlose fricativ gebildet wird. Versucht man von k zu t überzugehen (p. 380) „so merkt man deutlich, wie die zunge sich sozusagen zusammenzieht, da beim t bloss die verhärtete zungenmitte articuliert, während die beim k ebenfalls mitwirkenden seitenstücke sich passiv verhalten."

Sehr ungenau ist, dass K. für š ohne weiteres eine dorsal supraalveolare aussprache (etwa unser š) annimmt; das übrige dürfte wohl mit dem, was ich oben p. 27 gesagt habe, übereinstimmen. Mit k ist ungefähr unser t gemeint, doch ist es ungenau, wenn K. meint, dass es dieselbe articulationsstelle habe wie t. k sollte nach K. rein dorsal praepalatal sein und reiner explosiv; ich bezweifle die möglichkeit dieses lautes. Über die mouillierung sagt Kirste (p. 382): „Soll die gaumenarticulation des χ schon bei der aussprache des t vorausgenommen werden, so kann dies nur in der weise geschehen, dass das t kein reines t bleibt, sondern in k übergeht; das χ ist dann gleichsam in dem k latent . . . Auf diesem wege kommen wir aber zu keinem palatal, d. h. zu einem laut in dem das χ resp. j nicht verschwunden, sondern zu den dankalauten š und ž geworden ist. Es muss deshalb eine solche

articulation des $\chi(j)$ geben, bei der zwar die verschmelzung
möglich, zugleich aber auch der reibelaut erhalten ist. Ein
$\chi(j)$ wird da am leichtesten als parasitischer laut sich ein-
stellen, wo die am meisten der verhärtung fähige zungenspitze
ausser action tritt. Dies ist nun der fall bei der sogenannten
dorsalen bildung der an palataler articulationstelle gebildeten
consonanten, bei der die zungenspitze nach abwärts gekehrt
ist. Ein auf diese art gebildetes t wird schon aus dem grunde
einen weicheren charakter tragen, weil der mittlere theil der
zunge nicht so stark verhärtet werden kann; ebenso aber
auch das k, da dasselbe, was von der zungenspitze, auch von
den seitentheilen der zunge gilt. Ebenso erklärlich ist es auch
(p. 383), dass, wenn der übergang vom verschluss zum folgenden vocal nicht ganz schnell und mit vollkommen genauer regulierung der exspiration vorgenommen wird,
sich an das explosionsgeräusch noch ein reibungsgeräusch an-
hängte", da der mitteltheil der zunge nicht dieselbe articu-
lationsfähigkeit besitzt, wie der vordertheil. Statt der reinen
dorsal-palatal gebildeten t' k' d' g' hört man deshalb leicht $t'\chi$,
$k'\chi$, dj, gj."

Im wesentlichen stimme ich dem gesagten ziemlich bei;
doch gefällt mir nicht, dass K. von der verschmelzungstheorie
ausgeht und dass er das entstehen eines parasitischen lautes
von einer unregelmässigkeit der exspiration abhängen lässt.
Wertvoll ist die genaue beachtung der articulierenden zungen-
theile, doch muss ich gestehen, dass ich grade diese bemerkungen Kirstes erst verstanden habe, nachdem ich durch
ganz selbständige beobachtungen und experimente das wesen
der t- und k-laute erkannt hatte.[1]

II. Sprachgeschichtlicher theil.

Es kann durchaus nicht meine absicht sein im folgenden
alle wandlungen, die sich im bereiche dorso-praepalataler articulation vollziehen, zu behandeln; dazu würde weder meine
kenntniss noch der raum einer zeitschrift ausreichen. Es handelt sich hier nur darum, die experimentell gewonnenen resultate mit einzelnen beispielen der sprachgeschichte zu belegen

---

[1] Dass ich Kirstes ausdrucksweise so schwer verständlich finde, mag
vielleicht daher kommen, dass ich seiner dissertation, auf die er gelegentlich verweist, nicht habhaft werden konnte.

und umgekehrt einige sprachlich überlieferten entwicklungsreihen an der hand der physiologie zu ordnen und in ihrem laufe zu verfolgen. Meine belege werde ich vorzugsweise aus den romanischen sprachen nehmen; je mehr wir uns in der gegenwart und historisch zweifellosen vergangenheit halten, um so sicherer werden wir stehen. Hier müssen wir den gesetzen und möglichkeiten lautlicher veränderung nachspüren, die so gewonnenen erkenntnisse werden uns dann befähigen in lückenhaft überlieferte sprachperioden reconstruierend einzudringen.

Ich nehme entsprechend den drei hauptfactoren des physischen sprachlebens: bewegungsgefühl, accent und tonempfindung, drei arten von physischem lautwandel an, nämlich den articulatorischen, accentuellen und akustischen.[1]) Die beiden ersten sind bei weitem die wichtigsten, zu ihnen gehören die meisten sogenannten ausnahmslosen lautwandlungen. Das verhältniss zwischen bewegungsgefühl und accent scheint in mancher beziehung ein gegensätzliches zu sein, und je nachdem der eine oder der andere lautwandel das übergewicht bekommt, gestaltet sich der habitus der sprache. Das bewegungsgefühl strebt nach einem ausgleich der articulationsglieder eines wortes; der accent hebt einzelne theile desselben besonders stark hervor und sondert sie dadurch von der umgebung ab. Es ist wohl kein zufall, dass die energisch accentuierten deutschen dialekte, etwa vom schwedischen abgesehen, das ja auch sein charakteristisches accentuationssystem hat, für den articulatorischen wandel im praepalatalgebiet (insbes. assimilation von t- und k-lauten an folgendes i) wenige oder keine beispiele liefern, während die romanischen und slavischen sprachen, deren accent uns weniger energisch vorkommt durch nichts so sehr verändert worden als durch die i- und j-laute, die „grossen zerstörer des consonantismus der allermeisten, wenn nicht aller sprachen" (Miklosich). Die consonantenwandlungen der romanischen sprachen sind fast ohne ausnahme articulatorische assimilationen, während ein grosser theil der vocalveränderungen, insbesondere die meisten sogenannten diphthongierungen accentuelle wandlungen sind, d. h. articulationsveränderungen, welche durch eigenthümlichkeiten

---

[1]) Ich verweise für das einzelne auf die trefflichen bemerkungen in Pauls Principien der sprachgeschichte p. 40 ff.

des exspiratorischen oder tonischen accents veranlasst wurden. Im einzelnen liegen diese dinge noch in tiefe finsterniss gehüllt, ebenso wie das wesen des accentes im allgemeinen.

Zu den akustischen wandlungen rechne ich es, wenn z. b. ein *č* zu *t¹š¹* wird, vielleicht auch wenn **temprer* (lat. *temperare*) zu *tremper* wird u. ä. Doch gestehe ich offen, dass ich über eine feinere eintheilung dieser dinge noch nicht im klaren bin. — Zu den accentuellen consonantenwandlungen wird man wohl die germanische lautverschiebung rechnen dürfen, vielleicht auch den romanischen wandel von *j* zu *d, nn* zu *ñ, ll* zu *l* und die entstehung mancher doppelconsonans des italienischen.

I. Vorschreitende[1]) assimilation an praepalatale laute.

Ich habe im anfange des experimentellen teiles gesagt, dass die entwicklung der *k*-laute vor *i* und *e* in einer verschiebung der articulationsstelle nach vorne besteht und wir sahen, dass bei einer solchen verschiebung das *k* zunächst zu *ϰ* ᐳ *k'* ᐳ *t* etc. werden muss. Da nun die sprachgeschichte in der that, wie wir gleich sehen werden, die dort theoretisch aufgestellte entwicklungsreihe zeigt, so müssen wir nach dem inneren zusammenhange des wandels suchen. Derselbe ist ohne zweifel folgender: Bei aussprache eines *i* ist das mediodorsum stark gegen das prae- und mediopalatum gehoben; wenn man also vor *i* ein *ϰ k', t'* articuliert, an stelle eines *k,* so hat man den verschluss des *k* vom velum oder postpalatum nach dem medio- oder praepalatum verlegt, also an die stelle, an welcher der zungenrücken beim *i* dem gaumen am nächsten kommt. Es gehört also offenbar eine geringere bewegung dazu von einem *ϰ k'* oder *t'* zu einem *i* überzugehen als von einem *k* aus. Dass die sprachgeschichte verhältnissmässig selten ein *k'* überliefert mag seinen grund einerseits darin haben, dass ein *k'* vor *i* oder *i + vocal* wenig von einem *ϰ* verschieden ist, andrerseits aber auch darin, dass man bei articulation eines *k'* leicht mit der vorderen grenze des mediopalatum die hervorstehenden alveolen berührt, so dass der übergang von *k'* zu *t* ein sehr leichter ist; in folge dessen kennzeichnet die schrift, die ja immer hinter der aussprache

---

[1]) Ich verstehe „vorschreitend" rein örtlich in bezug auf die ursprünglich weiter hinten liegende articulationsstelle der *k*-laute.

etwas zurückbleibt, das k gar nicht, sondern geht direct vom z zum t' über, ohne dass die zwischenstufe k' dem schreiber zum bewusstsein gekommen. Mit welchem rechte aber Miklosich[1]) jedes kj (= k) als t' auffasst und die existenz eines k' leugnet, weiss ich nicht.

Articulatorischen principien zu folge müssten also die sprachen bei ti oder dem gleichortigen $či$ stehen bleiben; wenn sie das nicht thun, so beruht der weitere wandel entweder auf energieschwächung, durch welche an stelle des verschlusses die gleichortige enge tritt (also $\chi'\, š$ statt $t'\, č$) oder der weitere wandel ist zunächst wesentlich akustisch ($t' > t^3$). Ich bin wenigstens nicht sicher, ob man den wandel $t' > t^3 > t^1 > t$ auch als articulatorischen auffassen darf. (1)

Noch stärkere hebung der zunge als i hat j, schwächere e. Dem entsprechend müssen sich fälle finden, dass eine sprache k g vor j schon verschiebt, aber noch nicht vor i und e, oder dass nur vor letzterem keine verschiebung eintritt. (2) Finden wir nun dieselben lautstufen, welche aus ki entstehen auch ganz oder theilweise statt älteren ka, so müssen wir annehmen, dass auch das a in diesen sprachen eine wenn auch geringe hebung der zunge gegen das praepalatum verlangte (3). Finden wir dagegen eine entwicklung des k vor einem o oder u, so müssen wir als höchst wahrscheinlich oder sicher annehmen, dass an stelle des o, u früher einmal ein i, e oder höchstens a gestanden hat (4). Umgekehrt kann ein i, e, $ö$, $ü$[2]) nach einem erhaltenen k-laut in einer sprache, die sonst k vor i e etc. verschiebt, erst zu einer zeit entstanden sein, in welcher diese verschiebung nicht mehr statt fand (5). Denn das darf man nie vergessen, jeder lautwandel vollzieht sich nur innerhalb bestimmter zeitlicher grenzen, woraus hervorgeht, dass das verhältniss zwischen bewegungsgefühl und accent (bezw. auch akustischen gefühl) sich verändern kann; so lange es gleich bleibt, kann derselbe wandel nicht aufhören und wo ein neues ki entsteht, muss es verschoben werden (6).

Zu erwarten wäre anscheinend, dass die stimmhaften laute (also in unserm falle g) sich ganz entsprechend den betreffenden stimmlosen mit gleicher articulation entwickelten. Das

---

[1]) Beitr. zur lautl. der rumun. dial. IV. p. 46.

[2]) Insofern $ü$ die zungenstellung von i, $ö$ die von e hat müssen sie articulatorisch ebenso wirken wie jene.

trifft in der that oft zu (7). Doch habe ich schon oben (p. 20)
bemerkt, dass die articulationsbilder stimmhafter laute meist
schwächer gefärbt und oft auch umfanglich etwas kleiner sind,
als die entsprechenden stimmlosen, also ist ihre articulation
eine etwas andere, weniger energische. Demgemäss finden
wir häufig eine ungleiche entwicklung beider klassen (8).
insbesondere auch deutliche zeichen der geringeren articula-
tionsenergie bei stimmhaften (9).

Da das lateinische keine postpalatalen oder velaren fricativlaute hat, so giebt es für die entwicklung solcher laute,
vor deren vocalen natürlich keine beispiele; in welchen verhältnissen sie stehen müssten, werden wir weiter unten bei
der umgekehrten lautverschiebung sehen. Entwicklungen hin-
terer consonanten n a c h vorderen vocalen sind ebenfalls zweifelhaft, da auslautende k-laute romanisch selten erhalten sind,
unter allen anderen verhältnissen aber anschluss an den folgenden vocal eintritt (10).

Beispiele zu I.

(1). Beispiele für die lautstufe k' aus lat. *ci ce* sind mir
nicht bekannt, doch ist es nicht unwahrscheinlich, dass sich
solche in sardischen dialekten finden, welche ja zum theil das
lat. *ci, ce* als *ki, ke* (d. h. der aussprache nach wohl *xi, xe*)
erhalten haben z. b. logudorisch: *chiza* = lat. *cilium*, *chelu*
caelum, chera cera zum theil es zu *z* (d. h. wohl *f*) entwickeln:
zegu caecum zibu cibum, ci > ti ist ebenfalls selten, z. b. in
rätischen dialekten[1]) *t'ena cena, t'el caelum*. Die stufe *č* hat
vor allem das italienische *(ciglio, cena, cielo)*, das dakorumu-
nische *(čer caelum, čiņę coena, činč́i quinque* also lat. *qu* und *c*
im drum. gleichbehandelt, übrigens ist *cinque gemeinromanisch),
das altpikardische *(chire cera, chiel caelum)* und viele rätischen dialekte *(čena, čel* und *čiel).* Dagegen ist *f* bewahrt im
makedorumunischen und istrorumunischen *feáre cera, fiņe
coena; fer caelum, fire coena);* ebenso in rätischen *(fiel, fena)*
und italienischen dialekten *(zij cilium, zeder cedrum).* Sicher
ist *f* auch für das ältere provenzalische und französische,

---

[1]) Die rätischen beispiele sind meist aus G a r t n e r s R ä t o r o m a n i -
s c h e r G r a m m a t i k (Heilbronn 1883) die rumunischen aus M i k l o s i c h s
B e i t r ä g e n z u r l a u t l e h r e d e r r u m u n i s c h e n d i a l e k t e (Wiener
Akad. sitzgsber. bd. 98--102, 1881—3. separat in 5 heften).

ebenso, wenn auch nicht überliefert, für das älteste spanische und portugiesische. Auf der letzten stufe $\mathfrak{r}$ finden sich nur wenige beispiele (z. b. im gebiete der französischen Schweiz) meistens tritt hier statt $\mathfrak{r}$ ein $\flat$ ein, was wohl daraus zu erklären, dass die unreinheit der explosion des τ, welche durch die unebenheit der zähne hervorgerufen ist, den übergang zum vollen fricativlaut mit mehr oder weniger gestossenem (explosiven) anfang besonders begünstigt.

Die romanisch seltene anfangsstufe t' ist sehr gewöhnlich im schwedischen (*t'enna* = *kenna*, *t'il* = *kil*).

Der übergang zum fricativlaut durch verlust der verschlussbildung findet sich auf allen stufen häufig. Im schwedischen ist die aussprache eines jeden t als χ' oder χ sehr gebräuchlich; $\check{c} \succ \check{s} \succ \check{s}$ findet sich im neupikardischen, rätischen und italienischen; $\underline{t} \succ s$ im französischen, portugiesischen, rätischen und italienischen. $\flat$ aus $\underline{t}$ oder $\mathfrak{r}$ im spanischen, rätischen und französischen alpengebiet, welch letzteres noch den wandel $\flat \succ f$ kennt. Beispiele im einzelnen werden nicht nothwendig sein.

(2). Den sicheren beweis dafür, dass ki + *voc.* eher verschoben wird als $\underline{k}i$ liefern die sardischen dialekte, welche das letztere erhalten haben, für das erstere aber *th*, *thi* schreiben, womit höchst wahrscheinlich t' gemeint ist; andere schreiben auch schon z (= $\underline{t}$). Im dakorum. wird ci + *voc.* zu $\underline{t}$, während ci zu $\check{c}i$ geworden, woraus man schliessen muss, dass ci + *voc.* bereits verschoben war, ehe die verschiebung von ci begann, da sonst nur e i n resultat aus beiden zu erwarten. Ähnlich, nur nicht immer so klar, sind die verhältnisse der anderen sprachen. Dass irgendwo nur das i, nicht aber e ein k verschoben hätten, ist mir nicht bekannt; doch werden wir einen entsprechenden vorgang bei t finden.

Der übergang eines nach vorn verschobenen k-lautes zu t, welcher im griechischen $\tau i\varsigma$ $\tau \acute{e}\sigma\sigma\alpha\varrho\varepsilon\varsigma$ etc. als regelmässiger wandel vorliegt, tritt im romanischen immer nur vereinzelt auf. z. b. rätorom. *denoio, dinočo (genuculum)*, doch können diese formen vielleicht auch aus *denoio dinočo* entstanden sein. Sicher scheint Haute Auvergne: *tita = quitter. d'ati = d'aqui.* So lange ich diesen wandel $k \succ t$ nicht aus der gegenwart irgendwo als regelmässigen gefunden habe, wage ich über jene griechischen beispiele nichts weiteres zu sagen. Es müssen irgend welche besonderen eigenthümlichkeiten vorgelegen haben, welche die regelmässige weiterentwicklung einer zwischenstufe *t'* verhinderten, oder vielleicht einen sprung von *x* zu *t³* hervorriefen, durch den sich das ganze vielleicht noch am leichtesten erklärte.

(3). Eine veränderung ursprünglicher *k*-laute vor *a* ist bei weitem seltener als vor *i* und *e*. Da aber die entstehenden lautwerte *t' č* etc. nur durch vorschieben des *k*-verschlusses erreicht werden, so sind wir genöthigt, auch hier den grund der verschiebung in einer eigenartigen articulation des *a* mit zungenhebung gegen das medio- und praepalatum zu sehen, eine articulation, deren thatsächliche existenz keinem zweifel unterliegt. Nicht selten wird dann bei weiterer entwicklung der vocal vom consonanten abhängig und nähert sich dem *i*, besonders in unbetonten silben. Das rätorom. bietet folgende formen: *canem: kan tan, čan;* im inlaut: **bucca: buka, boťa, boχa, boča.* Das altfranz. *čien (chien)* neben *champ (campum);* neufr. ist *č* zu *š* geworden.

Das altpik. geht in der verschiebung nicht bis ins praepalatum, sondern nur bis ins mediopalatum, was schon genügt, um das *a* zu *ie,* statt zu *e* werden zu lassen: *kien (k* jedenfalls = *x).* Es ist sicher, dass die gemeinfranz. wandlung von *ca* ⪼ *ča (čie)* zeitlich bedeutend später liegt als die von *ci* ⪼ *ți;* und zwar liegt sie ohne zweifel nach der fränkischen invasion, während *ci* ⪼ *ți* wenigstens in seinen anfängen weiter hinaufreicht. Dazu stimmt, dass die germanischen *k* vor *i, e* und *a* ebenfalls zu *č* geworden sind (z. b. *eschine skina, eschernir skernen, choisir* aus **chansir* goth. *kausjan).* Wir haben also zwei perioden der entwicklungen von *k*-lauten I. lat. *ci ce ca* ⪼ *ți țe* (oder vielleicht nur *tśi tśe) ka;* II. lat. *ci ce cu = ți țe ča,* germ. *ki ke ka = či če ču.*[1])

(4). Altfranz. *çoile (célat)* weist auf älteres *ceile, choisir* auf *čausir, chose (causa)* auf *chause;* mithin war der wandel von lat. oder germ. *au* ⪼ *o* noch nicht vollzogen als *ca* ⪼ *ča* eintrat. Vor einem rätorom. *ťolt (calidus)* liegt *ťalt,* vor *ťura* ein *ťaura (capra).*

(5). Die aussprache des lat. *qu* wie *k* kann im franz. erst entstanden sein nach der zweiten verschiebung der pala-

---

[1]) Wandel von *k* vor *a* im slavischen bezeugt z. b. J a g i ć A r c h. f. sl. phil. III, p. 370.

talen; im rumunischen liegt sie jedenfalls vor der palatalverschiebung, daher lat. *qui* dort *ĉi* und *ti* geworden. So
weist afr. *coe* neufr. *queue* auf lat. *coda* nicht aut *caudu*.
Ebenso ist absolut sicher, dass lat. *ū* nicht vor dem 6. oder
7. jahrhundert den neufranz. lautwert *ü* gehabt haben kann.
ü hat dieselbe zungenstellung wie *i*, folglich müsste ein latein-
romanisches *küra* etwa des 3. jh. *çüre (ţüre)*. ein *küre* des 6. jh.
ĉüre gegeben haben. Hatte also das *ū* jener alten zeit nicht
mehr seinen lateinischen lautwert, so konnte es höchstens ein
ü (mit zungenstellung von *u*, lippenstellung von *i*) sein. Dasselbe gilt von dem aus *ŏ* entstandenen afr. *ue*. Finden wir
dagegen rätorom. *tira (cura)* und *tierp (corpus)* so geht daraus
hervor, dass zur zeit des wandels *ū > ü > i* im rätorom.
noch palatalverschiebung eintrat, während die bewegung in
Frankreich zur zeit der entstehung des neufr. *ü < ū* schon
zum stillstand gekommen war. Mir ist es hiernach im aller-
höchsten grade zweifelhaft, ob jener wandel von *ū > ü*, wie
oft behauptet, keltischem einfluss zu verdanken.

(6). Dieser stillstand, der in den meisten romanischen
sprachen seit mehreren jahrhunderten eingetreten zu sein
scheint, hat für viele dialekte gar keine oder nur kurze geltung gehabt. Wann er eingetreten, lässt sich wohl immer relativ bestimmen: z. b. im franz. wie wir sahen, vor dem übergang des lat. *qu* zu *k*, des *ū > ü*; im ital. vor wandel des
anlautenden *cl > chi (ki)*, des *qui > chi* etc. Im rumunischen
scheint kein stillstand zu sein, wenigstens zeigt hier das junge
ki aus *kl* den übergang zu *t'* z. b. *clamat > kiamę > t'amę*,
daneben vereinzelt *ţiamę; ĉamę*, womit sich *t'* wieder als die
erste deutliche stufe der *k*-verschiebung documentiert, indem
k' und *z* keinen besonderen graphischen ausdruck gefunden
haben. — Ein sehr schönes beispiel für eine dritte palatal-
bewegung bietet unter anderem der dialekt von Tourcoing
(Pikardie). Das altpik. *ĉ* ist wie im franz. zu *š* geworden,
dagegen sind alle später entstandenen oder altpik. noch erhaltenen *k* vor vorderen vocalen *(i, e, ö. ü, a)* zu *ĉ* verschoben: *tchin* altpik. *kien (canem), tcheur (coeur), tchandelles*
altpik. *candeles* fr. *chandelles (*candellas), tchan (quantum)* etc.
In einem modernen text aus Saint-Cyr en Talmondais finde
ich die schreibung *thieur (coeur)*, das jedenfalls *tχör* gesprochen werden soll; ebenso *thiĉ (*eccum illos)*, in benach-

barten gegenden einerseits *quiés,* andrerseits *tchiés* geschrieben, woraus klar ist, dass diese verschiebung dort noch im gange ist.

Genau entsprechende vorgänge finden sich in den meisten, wo nicht allen, italienischen dialekten.

(7). Italienisch und drum. *ǧ:* lat. *g = č: c (k);* mrum. *ḑ ≺ g* wie *ṭ ≺ k* (z. b. *ginocchio, ǧenunke, ḑenuklu;* drum. *ḑočel (glaucellus)* entsprechend *t'ame (clamat);* rätorom. *d'at (*gattus = cattus)* wie *t'ar (carrus);* frz. *jambe (*gamba)* wie *champ. (campum)* ebenso in Tourcoing: *djerre (guerre), fiǧüre (figura)* etc.

(8). Altfranz. *ṭ ≺ k* aber *ǧ ≺ g,* dasselbe ist für das älteste spanisch-portugiesische anzusetzen. Es ist nicht unmöglich, dass der wandel von *gi* später eintrat oder auf der stufe *d'i* länger stehen blieb als der von *ki;* doch möchte ich das keineswegs bestimmt behaupten; zeigen doch patoisformen aus der Vendée neben *quiés* (siehe oben) ein *quenodju (kenoǧü)* = altprov. *conogut),* Saint-Cyr *djiaire (guerre)* neben *thieur (cœur).*

(9). Der verlust der verschlussbildung tritt beim stimmhaften laut wohl durchweg leichter und früher ein als beim stimmlosen: irum. neben *k ≻ ṭ* immer *g ≻ z (zerunkęl' genuculum);* drum. oft *ž* neben *ǧ (žer gelu, žinere genere);* mrum. ebenso *z* neben *ḑ.* rätorom. *jat (*gattus)* neben *t'ar, žato* neben *čar.*

(10). Im neugriechischen richtet sich die aussprache des χ nach dem folgenden vocal; sie ist mediopalatal vor vorderen, postpalatal oder velar vor hinteren vocalen (incl. *a).* Im deutschen richten sich diese laute entsprechend nach dem vorhergehenden vocal. Wahrscheinlich durch den vorgehenden vocal beeinflusst sind die entwicklungen im rätorom. *lat', laχ, let'* neben läufigerem *lak* etc. (lat. *lacus);* ebenso wohl *d it'* = lat. *dico.*

II. Rückschreitende assimilation an praepalatale laute.

Die sprachen, welche eine vorschreitende entwicklung von *k*-lauten vor *j, i, e, (a)* durchführen, zeigen wohl ohne ausnahme auch deutliche ansätze zu einer entgegengesetzten bewegung bei den *t*-lauten. Als vorbedingung gilt dorso-alveolare articulation der *t*-laute und eine starke hebung des mediodorsum gegen das praepalatum vor oder nach der *t*-articulation, durch welche der verschluss in das supraalveolargebiet rückt, während die zungenspitze hinter den unteren schneidezähnen liegt. Dadurch wird t^3 zu t' oder $t\acute{s}$ und der t-laut kann sich nun in der folgezeit noch weiter nach hinten oder auch wieder zurück nach vorne zu einem $\underset{.}{t}$ etc. entwickeln. Die sprachgeschichte zeigt, dass dieser wandel die reinen einfachen t-laute meist nur vor $\underset{.}{i} + voc.$ oder χ, j, seltener vor i, wohl nie vor e ergreift, dagegen sind l und n sehr leicht zu verschieben. Man nennt diesen vorgang bei t, d meist assibilation, bei l, n mouillierung; doch sind diese bezeichnungen viel zu eng.

Der gewöhnliche vorgang ist nun der, dass $t^3i\acute{a}$ zunächst $t^3\underset{.}{i}\acute{a}$ dann $t'\chi\acute{a}$ wird; hat dagegen i den accent, so tritt früher oder später verschiebung desselben auf den folgenden vocal ein; wir haben dann etwa $t^3ia \succ t'ia \succ t'\chi ia \succ t'\chi\underset{.}{i}\acute{a} \succ t'\chi a;$ $t'\chi a$ wird dann meist wieder $t a$ und bei weiterer entwicklung $\underset{.}{t}a$, so dass der rest des i ganz in dem fricativen ansatz des t' aufgegangen ist. Doch kommt es auch, wenngleich seltener, vor, dass dieses zusammenfliessen nicht stattfindet, dann ist das resultat $t'ia \succ \underset{.}{t}ia$ (1). Bei weiterem zurückschreiten des verschlusses wird $t'ia$ zu $k'ia$ oder $\varkappa ia;$ ein wandel von tia zu $\varkappa a$ oder ka ist selten (2). Der stimmhafte laut verhält sich entsprechend.

Wie n nichts anderes als ein nasaliertes d, m ein nasaliertes b ist, so können wir für alle verschlusslaute entsprechende nasale aufstellen. Spricht man ein d und lässt während der ganzen dauer der articulation die luft durch die nase (velar-pharyngale öffnung) entweichen, so ertönt statt des d' ein $\tilde{n}$ (mouilliertes n). Dieses $\tilde{n}$ hat ebenso gut eine implosion und explosion wie d, nur ist die letztere besonders wenig hörbar, was seinen grund darin hat, dass eine hörbare explosion nur bei vorangehender compression der luft in der mundhöhle erfolgen kann, welche unmöglich ist, solange die luft durch eine nasale (oder laterale) öffnung entweichen kann. Dem entsprechend ist natürlich auch der fricative ansatz des $\tilde{n}$ weniger vernehmbar als der des d. Nun kommt es aber erfahrungsgemäss nicht selten vor, dass die nasale öffnung während oder unmittelbar vor der lösung des zungenverschlusses geschlossen wird; dann wird der fricative ansatz oder die ganze verschlusslösung wie bei d' klingen; wir erhalten also statt *n̆* ein *n̆j* oder *n̆d'*. Auf dieser stufe kann dann *n̆* natürlich dieselben entwicklungen bekommen wie *d'* also zu *n³d n̆j n̆ǵ nγ* werden. Wird der verschluss wie beim übergange von *d'* $\succ$ *j, ǵ* $\succ$ *ž'* nicht mehr voll gebildet, so bekommen wir zunächst ein nasaliertes *j ž' z* etc. Diese art laute mit zwei öffnungen halten sich in der sprache jedoch nie (ausser etwa dem *l̥*), da der exspirationsstrom zu schnell entweicht und nicht genügende reibung an den rändern der articulierenden organe findet. In folge dessen erfolgt auf dieser stufe meist der verlust der nasalen öffnung und wir bekommen als ausläufer eines ursprünglichen *n̆* ein *j* mit seinen weiteren entwicklungen. — Ganz genau entsprechend wie bei *n̆* ist die entwicklung des *l'* (mouillierten *l*), welches ebenfalls die zungenarticulation eines *d'* hat; die der nasalöffnung des *n* entsprechenden öffnungen bei *l'* liegen hinter dem zungenverschluss auf beiden seiten an den oberen backzähnen. Aus *l'* kann also entstehen *lj, ld lǵ, l'd: lǵ, lγ; j', ž', ž, z:* ausserdem kommt durch verlust der seitlichen öffnung auch ein übergang von *lγ* zu *γ, g*, vielleicht auch *ld* $\succ$ *d. lǵ* $\succ$ *ǵ* vor. Der diesem entsprechende vorgang bei *n̆* ist mir aus keinem sprachlichen beispiel erinnerlich.

Es ist klar, dass dieselben verschmelzungen, welche aus *tia t'a ṭa* werden lassen, auch bei *nia* $\succ$ *n̆a lia* $\succ$ *l̆a* vorkommen.

Dass nicht nur v o r, sondern auch n a c h *i* eine verschiebung von *n l* $\succ$ *n̆ l'* stattfindet, habe ich schon angedeutet. Im übrigen ist das verhältniss der entwicklungen vor *j (y) i e* wie bei *t; ny ly* entwickelt sich wohl immer, *ni li* verhältnissmässig seltener, und vor *e* fehlt jede entwicklung. Dagegen scheint es, als ob ein nachfolgendes *u* vielleicht auch *o* den übergang von *n* $\succ$ *n̆* bewirken könne; man muss dann annehmen, dass die hebung der hinteren zunge bei *u* eine gleichzeitige hebung des mediodorsum hervorrufe, wodurch jene wandlung erklärt wäre (3).

Verschiebung von *s³* und *z³* vor folgendem *j y i* ist nicht selten. Das product der assimilation ist zunächst *š*, meist aber erscheint es als *š'*; ob dieses *š'* $\prec$ *s* durch die mittelstufe *s'* hindurchgegangen oder nicht, ist schwer zu entscheiden. Nothwendig ist die mittelstufe *š* nicht. Dass *š'* oft wieder zu *š* wird, kann nicht auffallen; ebenso wenig der

schwund des ursprünglichen i in $sia > \acute{s}ia > \acute{s}\chi'a > \acute{s}a$ oder
$> \breve{s}'a$. Ebenso bietet eine weitere verschiebung des $\breve{s}'$ zu χ'
χ x etc. an und für sich nichts auffälliges, nur kommt man
damit aus dem gebiet der praepalatalen vollständig hinaus
und eine solche verschiebung kann also nicht mehr durch etwa
folgende i-laute entstanden sein, denen sie ja vollständig
widerspricht. Ich will trotzdem hier auch auf diesen wandel
etwas genauer eingehen, einmal weil er ja eine nicht seltene
fortsetzung einer palatalentwicklung ist, und zweitens, weil
dieser übergang und insbesondere der von $\check{z} > \chi > x$, $\check{z} >$
$> h$ noch vor kurzem als etwas ganz unerklärtes, wo nicht
unerklärbares angesehen worden. Von der aller sprachgeschichte hohn sprechenden erklärung des spanischen χ x
aus arabischem einfluss will ich schweigen; sie dürfte denn
doch wohl zu den überwundenen standpunkten zählen. Aber
ist es denn viel besser, wenn S c h u c h a r d t und M i k l o s i c h
(vgl. beitr. z. rum. lautl. IV, s. 82) den regelmässigen wandel
$si > \breve{s}i$ im rumunischen auf eine altheimische sprache jenes
landes zurückführen wollen, während sich doch für jenen
wandel und den von ihm nur graduell verschiedenen von sia
$> \breve{s}a$, $zia > \check{z}a$ in allen sprachen mit praepalatalentwicklung
beispiele finden lassen?

Der wandel von $si > \breve{s}i$ oder genauer $si > \breve{s}'i$ ($> \breve{s}^3 i$)
ist, wie schon gesagt, weiter nichts als eine örtliche assi-
milation beider articulationen; der übergang von $\breve{s}' > \chi > x$
dagegen die folge einer energieschwächung. Sobald die prae-
palatale enge nicht mehr genügend gebildet wird, um die
nothwendige reibung, die nothwendige hemmung dem exspirationsstrom entgegenzusetzen, so tritt an stelle dessen eine
reibung an der stelle zwischen zungenrücken und gaumen ein,
an welcher beide organe am nächsten stehen. Nun wird aber
zur engenbildung in der postpalatalgegend und am praevelum
eine geringere entfernung der zunge aus der indifferenzlage
verlangt. als bei praepalataler engenbildung; daher darf man
in der that den übergang von $\breve{s}' > \chi' > \chi > x$ etc. oder
auch den sprung $\breve{s}' \ldots x$, dessen möglichkeit ich nicht leugnen
will, als folge einer energieverringerung ansehen. Geht diese
noch weiter, so kann die zungenarticulation ganz aufhören,
dann tritt aber eine engenbildung im kehlkopf an ihre stelle,
deren resultat ein h-laut ist, oder unter umständen auch eine

stimmtonbildung. Irgend ein substitut muss immer eintreten, das verlangt das grundgesetz aller lautbildung, das gleichgewicht von exspirationsdruck und hemmung. Ich entsinne mich nicht, dieses gesetz irgendwo in dieser form gefunden zu haben, doch erklärt es viele thatsachen. Ohne hemmung müsste der exspirationsstrom wie beim athmen schnell entweichen, und könnte zu keiner lautbildung dienen. Wo die hemmung stattfindet, ist an und für sich gleichgiltig. Bei den vocalen, welche ohne irgend welche reibung in der mundhöhle gebildet werden, liegt die hemmung nur in der verengerung der stimmritze zum tönen, in folge deren die luft nur langsam aus der lunge entweicht. Eine anzahl consonanten kommen mit und ohne stimmton vor; in letzterem falle ist bei verschlusslauten die explosion stärker als bei dem entsprechenden stimmhaften laut, bei reibelauten kann die enge schmaler sein als sonst nöthig oder aber, und das mag das gewöhnliche sein, der exspirationstrom muss, um die nöthige reibung hervorzurufen, schneller entweichen. Zum beweise versuche man, nachdem man voll eingeathmet hat ein *s* und ein andermal ein *z* (*s* mit stimmton) zu sprechen, man wird sehen, dass man ein *z* viel länger aushalten kann als ein *s*. Laute, welche dem luftstrom eine grosse öffnung bieten, wie alle nasalen, kommen deshalb vorwiegend stimmhaft vor, laute mit mehr als einer öffnung (z. b. nasalierte fricativlaute, nasales *l*) sind sehr selten und wohl nie ohne stimmton. Wenn solche seltenen laute mit zwei öffnungen sich wirklich finden, werden sie doch immer nur sehr kurze übergangslaute sein.

Hieraus erklärt sich auch der verlust des stimmtons beim wandel *ž* . . . ⇒ *x*. Sobald die zungenarticulation soweit erschlafft ist, dass der durch den stimmton gehemmte exspirationsstrom in der mundenge nicht mehr die nöthige reibung hervorbringt, muss, wenn diese reibung (also der consonant) gewahrt bleiben soll, die hemmung im kehlkopf aufhören, wodurch der luftstrom hinreichend stark wird, um auch in der erweiterten enge die genügende reibung zu finden.

Tritt die kehlkopföffnung nicht ein, so fällt der consonant ganz weg; an seine stelle tritt der reine stimmton, der natürlich sich dem vorhergehenden oder nachfolgenden vocal anschliesst und diesen dadurch verlängert. Wird bei stimmlosen reibelauten die engenbildung zu schwach, so tritt, wenn keine substitutionsenge im munde vorhanden (wie bei dem übergange $f \succ x$), kehlkopfenge ein, entweder als h (z. b. der bekannte übergang $f \succ h$), oder als stimmton, der sich wieder dem vocalischen nachbar anschliesst und sogenannte ersatzdehnung hervorruft. Oft ist auch wohl h die zwischenstufe von consonant und stimmton, z. b. in dem übergange *ast $\succ$ aht $\succ$ at*. Die articulationspause kann jedoch auch, mag sie stimmlos oder stimmhaft sein, durch einen benachbarten consonanten ausgefüllt werden, der dann ebenfalls ersatzdehnung erfährt (4).

Beispiele zu II.

(1). Lat. *ti* $+$ *voc.* ist nirgends erhalten geblieben, und die anfänge dieses „assibilationsprozesses" gehen bekanntlich in eine ziemlich frühe zeit zurück. Doch wäre es sicher falsch zu glauben, dass einmal im ganzen gebiet der lateinischen sprache die aussprache *tsia (ţia)* für jene endung bestanden hätte. In der zeit, in welcher zuerst verwechselungen von *tia* und *cia* vorkommen, wurden beide silben *t'ia* gesprochen, diese stufe ist die grundlage aller romanischen entwicklungen; auf dieser stufe verschwand das *i* in den meisten dialekten, indem es mit dem fricativen ansatz des *t'* articulatorisch und akustisch zusammen fiel, und dann erst trat der übergang von *t'χ̑a $\succ$ ţa* ein. In einer form *ţia* hätte das *i* nicht ohne weiteres schwinden können. Auch die allerdings seltenere entwicklung *tia $\succ$ ča* lässt sich nicht gut aus älterem *tsia*, sondern leichter aus *t'ia* erklären. Man sieht also, dass der ausdruck assibilation nicht passt. Im italienischen kommen (ursprünglich jedenfalls dialektisch geschieden) *ţa* und *ğa* neben einander vor: *giustezza justitia, marzo martius, tizzone titionem; palagio, pregio pretium, ragione rationem*, also je nach dem stimmton zwei verschiedene articulationen wie im altfranzösischen *ţ* aus *c* neben *ğ* aus *g*. Im rätorom. finden sich für das suffix *itia* in den einzelnen dialekten: *eţa $\succ$ esa $\succ$ eþa; eča $\succ$ eša; eţia $\succ$ $\succ$ etst'χ̑a (eţţa) $\succ$ eţka*; zwischen *eţia* und *eţţa* müsste man etwa eine form wie **eţχ̑a* einschieben.

Für *di* $+$ *voc.* bietet das rätorom. ebenfalls fast alle theoretisch nahe liegenden formen: lat. *media mieğa $\succ$ mieža; meḑa $\succ$ mɛza $\succ$ medɛ;* alle diese formen gehen auf die nicht erhaltene stufe *meďa zurück, aus welcher auch meda erklärt werden kann, durch den verhältnissmässig seltenen wandel ď > d.

Interessant ist der drum. übergang tionem > čune (arzę-čune *arditionem, teřune titionem), während sonst ti + voc. und ci + voc. zu ţ geworden; man wird jedenfalls annehmen, dass gewisse vocale unter umständen besondere verwandt-schaftsverhältnisse mit č oder ţ haben können. Entsprechend entwickelt ist auch *dionem: putreǧune (= putridus + ionem) repeǧune und repežune (rapidus + ionem).

Übergang des t vor i zu ţ ist seltener als ti + voc. > ţ: er findet sich vor ursprünglichem i im rum. z. b. mrum. kęţenu aus älterem kęţinu (catinus); irum. supţir subtile, ţije tibi drum. ţerm (terminus) aus älterem tierm, also secundäre bildung. Ist i erst später aus e etc. entstanden, so fehlt meist die entwicklung: drum. tinde tenda, aber es findet sich auch ť ťimp tempus, womit wiederum ť als sichere ältere stufe von ţ bewiesen ist. di entwickelt sich entsprechend, oft mit articulationsschwächung dem allgemeinen gesetz der stimm-haften laute entsprechend: mrum. dine, drum. zine (divina), vor secundärem i ist d erhalten: mrum. dinte (dentem) oder ď: dinte. Das rätische zeigt auch die anderen entwick-lungen: lat. dies: di > di > ǧi > ži und ďe > đi. di + voc. > di > j zeigt z. b. das neapolit. juorno < diurnum.

(2). Übergang ti + voc. oder richtiger ť > ḱ (und ď > ǧ) ist in der Normandie nicht selten: liquière aus litière, sogar enqué aus enquié (entier). Guieu < Dieu. t vor i > k ist selten; z. b. sardisch chinnire = tinnire.

(3). ni + voc. und li + voc. zeigen in folgenden reihen ungefähr die historische ordnung; mrum. aľu (allium) > drum. aj. (ebenso altfranz. ľ neufranz. j.); mrum. jiňe (vinea) > drum. vije mrum.; baňe (ba[l]neum) > drum. baje. Aus fiľu > *filďu oder fiju > *fiďu kann entstanden sein sicil. (Chiaramonte) figǧu, (Noto) figghiu (auch fiľu kommt in Sicilien vor); genues. ľ > ǧ conseggio (consilium); sard. ľ > đ azu (= ađu) allium ľ > lǧ findet sich altfranz. z. b. alge = aille (*alliam); ľ > lg > y im ital. doleo > doľo > dolgo > doggo. ň > ňď (im auslaut ňť) rätorom. leň und leňť aus lignum. ň > nǧ und nđ sardisch bingia und binza aus vinea > viňa; ň > ng ital. vengo tengo (venio *tenio).

$l > l'$ vor i zeigt das rätische: *glima* $\prec$ *lima*, *glina* $\prec$ *lina* $\prec$ *luna* (also secundäres *i*). $n > \tilde{n}$ nach *i* ist portug. häufig: *rizinho ricinum, bainha vagina, farinha farina*.

Durch *u (o)* scheint der übergang von $n > \tilde{n}$ veranlasst in formen wie span. *ñublo (*nubilum) ñudo (nodum)* it. *gnudo (nudum)* und ähnlichen fällen; doch können hier vielleicht auch andere gründe vorliegen.

(4). $si +$ *voc.* $> š$ sowie $si > ši$ findet sich mrum. *bešik̦e vesicu, be̦šare basiure, kašu caseus:* drum. *dišert* aus **disiert desertus, čireuše̦ ceresia.* mrum. *šiapte* drum. *šapte* irum. *sapte* aus **šapte* $\prec$ **siapte* = *septem*. Auf älteres *š* weisen auch span. *jerga (= xerga) serica, jenabe sinapis, jimia simia* etc. portg. *xico (= šico) siccus, xeringa siringa;* neap. *scignia (= šiña) simia, bascio basium* etc. Auf $si > š[i]$ führen neap. *vaso basium, fusano phasianus.* Die italienische schriftsprache hat durch energiesteigerung das $š[i]$ aus $si +$ *voc.* (richtiger ist wohl $š'[i]$ zu schreiben) zum gleichortigen verschlusslaut *č* übergeführt: *baccio*.

Übergang von *š* und *ž* zu $\chi\ x\ x'$ (praevelares x) und auch weiter zu *h* ist besonders in lothringischen dialekten gebräuchlich: frz. *maison (me̦zo̦),* lothr. *mo̦žo̦,* in Remilly *mo̦ho̦,* ebenso *plaisir, piäži* $\succ$ *piähi.* frz. *bouche* Remilly *box, mouche mox,* ähnlich *päx, sliχ, χiχ* aus **paiš, *celiže, *siš* (franz. *pais, cerise, six*).

Der übergang von *s* zu *h* oder $x'\ x'$ (prae- oder post-velarem fricativ) existiert z. b. im bergamaskischen: *hira sera, rahtel castello.* Sicher bestand er nicht selten im altfranzösischen als in der verbindung $s +$ *cons.* das *s* schwand; das beweisen grammatikerangaben,[1] mittelhochdeutsche reime und altfranz. schreibungen; es fand längere zeit ein schwanken statt, ob schliesslich der völlige ausfall des *s* dem benachbarten consonanten (besonders den sogenannten liquiden) oder dem vorhergehenden vocal zu gute kommen sollte. —

Für weitere beispiele von *š* $> x$, *ž* $> x$, *f* $> x > h$ mag

---

[1] Ich verweise nur z. b. auf Orthographia Gallica ed. Stürzinger p. 8 und hoffe ein andermal ausführlicher über diesen punkt handeln zu können, da ich die resultate der fleissigen arbeit von Köritz, über *s* vor consonant im franz. Strassbg. 1885 zum grossen theil für unrichtig halte und aus demselben schön geordneten material oft das gegentheil von dem folgere, was der verf für richtig hält

es genügen, auf das spanische, holländische, lateinische im allgemeinen zu verweisen.

III. Entstehung praepalataler consonanten durch energiesteigerung.

Nicht auf assimilation zweier laute, sondern auf sogenannter spontaner entwicklung, welche sich als überführung einer wesentlich praepalatalen enge in den gleichen verschluss erweist, beruht der übergang von j zu d' und dessen ausläufern. Seltener ist eine derartige entwicklung bei rein vocalischem i, und eine ebenfalls als energiesteigerung aufzufassende entwicklung eines n^3 l^3 zu $ń$ $ĺ$.

Es ist eine bekannte, wenn auch wohl im einzelnen noch unerklärte erscheinung, dass sich oft die gruppe *cons.* $+ e +$ *vocal* weiter entwickelt zu *cons.* $+ j$ *[oder χ] $+$ vocal,* indem die enge, welche bei e zwischen zungenrücken und gaumen gebildet wird, soweit verschmälert wird, dass das e durch i $\underset{\cdot}{i}$ zum reinen consonanten wird, der sich im stimmton nach dem vorhergehenden laute richtet. Geht die sprache noch einen schritt weiter, so entsteht aus j χ ein d' t'. Dieselbe entwicklung hat lat. i (j) fast in allen romanischen dialekten genommen, auch wenn es im anlaut steht.

Im rumunischen wird jedes i nach consonant sehr energisch (also mit schmaler enge) gebildet, alle t- und k-laute wurden dadurch zu assimilationen gedrängt; nach p-lauten setzt jedes i mit consonantischer enge oder verschluss ein, je nachdem der labial fricativ oder explosiv ist. Dass dann nachträglich der labial, insbesondere der verschlusslaut, leicht vollständig schwindet, ist dadurch zu erklären, dass zunächst die lösung eines p-verschlusses unhörbar werden muss, sobald der exspirationsstrom keinen druck auf den verschluss ausüben kann. Dieses ist natürlich der fall, wenn die zunge, während die lippen noch geschlossen sind, einen verschluss irgendwo im munde z. b. am praepalatum (genauer supraalveolargebiet) bildet. Die implosion eines p ist überhaupt nur nach vocalen hörbar; das p vor t' wird also ganz unhörbar, sobald es in den anlaut der silbe tritt. An stelle des p tritt dann zunächst eine pause, wie sie z. b. von Gartner (rät. gram. p. 161) in *sa7t'χa* aus *saptχa sapiat* überliefert ist. Später wird diese pause durch verlängerung des vocals, oder, und das ist wohl

das gewöhnliche, durch verlängerung des consonanten ausgefüllt, welche dann natürlich auch wieder schwinden kann. Ähnlich ist auch der schwund eines *v* vor *j* oder *d'* zu erklären,
indem die palatale articulation (enge oder verschluss) eher
ausgeführt wird als die labiale.

Wodurch die eigenthümliche entwicklung des *i* zu *t'i di*
χ'i ji im rumunischen veranlasst ist, darüber wage ich nichts
bestimmtes zu behaupten; immerhin dürfte die einfache dar-
legung des physiologischen zusammenhanges, welcher zweifellos ist, befriedigender sein als eine erklärung durch einschiebung eines parasitischen *j (pi ≻ pji)* und eines parasitischen *t (pji ≻ ptji)*, wie sie von Miklosich (beitr. zur
lautl. d. rum. dial. IV, p. 14) gegeben ist.

Wenn lat. *nn, ll* im spanischen regelmässig zu *ń, l'* wird,
so mag als erklärung genügen, dass bei energischer bildung
des dorso-alveolaren verschlusses (die besondere energie ist
hier durch die lat. doppelconsonanz gerechtfertigt) leicht eine
vergrösserung der verschlussfläche durch stärkere hebung des
mediodorsum gegen das praepalatalgebiet eintreten kann. Die
'gaumenbilder zeigen deutlich, dass ein *l³l³* (energisches *l³*) ein
bild liefert, welches zwischen dem gewöhnlichen *l³* und *l'*
ungefähr die mitte hält.

Beispiele zu III.

Im rätischen finden sich für anlautendes lat. *j (i)*
folgende stufen: lat. *iuvenis: dūrẹn ≻ ǧūrẹn ≻ žūrẹn: dŏven
≻ zoin ≻ dŏin; dŏvev; yūrẹn*. Die letztere form ist wahrscheinlich erst wieder aus *dūrẹn* entstanden und schwerlich
eine fortsetzung des lat. *i. dŏvev* kann sowohl aus *dŏven ≻
*đŏven ≻ *đŏven* als auch direct aus *dŏren* entstanden sein.
Im mrum. und drum. ist die gewöhnliche stufe des lat. *i* wie
im ital. und altfranz. *ǧ: ǧur juro;* einige dialekte zeigen aber
auch schon dieselbe entwicklung wie im neufranz. *ǧ ≻ ž: žur:*
diese letztere stufe ist auch die grundlage der neuspan. aussprache des *j* wie *x*. In Sicilien findet sich vereinzelt für
jedes primäre und secundäre *j* die aussprache *ǧ* oder *γ*; also
ghiustu ital. *giusto*. Die irum. form. *zurá jurare, zukú jocare*
geht natürlich nicht auf die drum. und mrum. form *ǧ*, sondern
neben dieser aus *d* hervor.

Für die entwicklung des *i* nach labialen bieten die rumu-

nischen dialekte folgende formen: lat. *pinus: t'inu;* in einigen
gegenden noch *pt'inu* und auch *pχ'inu (pjinu* geschrieben).
Solches erhaltenes *p* vor palatalentwicklung findet sich
auch im provenzalischen häufig z. b. *apropčar* neben *apročar*
(*appropiare) ähnliches im rätischen. *bi* wird mrum. und
theilweise drum. zu *d'i: albi* ≻ *ald'i, corvi* ≻- *corbi* ≻ *cord'i.*
In denselben gegenden ist *vi* zu *ji, fi* zu *χi, mi* zu *ñi* geworden: *jinu vinum, χiru filum, durñiri dormire.* Auch einzelne weiterentwicklungen sind überliefert, so *čer* aus *χ'ier*
ferrum, auch *šier* und *šer.* Entwicklung eines verschlusslautes
nach *v* bieten z. b. auch rätorom. *plœvd'a pluvia,* ital. *leggiero*
altfranz. *leğier *leviarium.* Der wandel *mi* ≻ *ñi* zeigt wieder,
wie vollkommen richtig es ist, die sogen. nasale als verschlusslaute zu behandeln, die analogie von *mi* ≻ *ñi* und *bi* ≻ *d'i*
ist vollkommen.

Für *nn* ≻ *ñ ll* ≻ *l'* mögen als beispiele genügen: span.
año, caña, paño; caballo, cuello, pollo; ähnliche beispiele bieten
vereinzelt viele roman. dialekte. Wenn das katalanische jedes
anlautende *l* in *l'* verwandelt, so werden wir diesen vorgang
ebenfalls aus einer energiesteigerung, deren letzter grund uns
freilich noch unbekannt, erklären.

Ich hoffe, dass die angeführten beispiele genügen werden,
um zu zeigen, wie mannichfaltig die entwicklungsmöglichkeiten
im praepalatalgebiet sind; fast dreiviertel der wandlungen,
welche die consonanten der romanischen sprachen aufweisen,
fallen in dieses gebiet; anderen sprachgruppen mag es nicht
viel besser gehen. Ich habe nur diejenigen wandlungen genauer besprochen, welche möglichst klar und zweifellos sind,
und auch bei ihnen die beispiele nur vereinzelt bald hier bald
dort genommen, ohne in jedem falle die quelle zu citieren.
Es handelte sich hier nicht um eine zusammenhängende darstellung aller praepalatalentwicklungen der romanischen sprachen, sondern um theoretische erörterungen allgemein sprach-
wissenschaftlichen charakters, für welche es genügte, die über-
einstimmung der physiologischen resultate des experimentellen
theils mit einer sprachgruppe nachgewiesen zu haben. Wem
andere sprachen mit palatalen entwicklungen bekannt sind,
der wird dort für die meisten theoretischen entwicklungen
entsprechende beispiele finden.

Es harren noch eine unmenge zum theil schwieriger lautwandlungen, welche in unser gebiet fallen, der erklärung; vor allem die consonantengruppen, welche ich gar nicht berücksichtigt habe. Einige dieser entwicklungen werden nach dem vorhergehenden schon klar sein, auf einige anderen werde ich vielleicht gelegentlich zurückkommen.

Darf ich am schlusse der arbeit einen wunsch aussprechen, so ist es der, dass andere meine resultate und besonders die experimente nachprüfen mögen. Bei einem ersten versuche einer neuen methode (denn wenn auch die stomatoskopischen bilder nichts neues sind, so ist es doch ihre zusammenhängende anwendung auf die sprachgeschichte) sind auch bei grösster sorgfalt fehler und versehen leicht möglich.

Mir wird es vollkommen genügen, wenn nur einige leser mit mir die überzeugung gewonnen hätten, dass wirklich exacte physiologische untersuchungen keine müssige spielerei sind, sondern der beste weg, die dunkelheiten der historisch überlieferten lautveränderungen zu erhellen. Mögen sprachforscher und phonetiker gemeinsam daran arbeiten, dass der gerechte vorwurf Miklosichs, die phonetiker hätten „bis jetzt die resultate ihrer untersuchungen noch nicht gar zu oft auf die erscheinungen der einzelnen sprachen angewandt" (beitr. zur lautl. d. rumun. dial. I, p. 6) nicht mehr allzulange seine berechtigung behalte.

Berlin.

Rudolf Lenz.

Lebenslauf.

Geboren bin ich, Rudolf Lenz, am 10. september 1863 zu Halle a. S. als sohn von Wilhelm Lenz und Marie Lenz, geb. Danziger. Meine eltern sind beide noch am leben. Ich gehöre der evangelischen confession an. Nach mehrfachem wechsel des aufenthaltsortes kam mein vater 1868 als postinspector nach Bremen, wo ich von herbst 1870 an den ersten unterricht auf einer vorbereitungsschule genoss. In folge einer versetzung meines vaters im sommer 1872 kam ich nach Breslau; hier wurde ich, nachdem ich vorher noch 8 monate eine vorschule besucht hatte, zu ostern 1873 in die sexta des Friedrichs-gymnasiums aufgenommen. Seit ostern 1877 besuchte ich das Friedrich-Wilhelms-gymnasium zu Köln a. Rh. und seit der mitte des jahres 1879 das kaiserliche Lyceum zu Metz, beide male durch versetzung meines vaters zum wechsel der schule gezwungen. Am 1. august 1882 erhielt ich von der letztgenannten anstalt das zeugniss der reife und bezog hierauf die universität Bonn, um mich dem studium der modernen sprachen zu widmen. Im sommer-semester 1884 war ich in Berlin immatriculiert; kehrte jedoch im herbst desselben jahres an die universität Bonn zurück, deren akademische bürgerrechte ich bis heute geniesse.

Meine akademischen lehrer waren in Bonn die herren professoren und docenten Birlinger, Bischoff, Bücheler, Förster, Franck, Lipps, Menzel, Meyer, Stürzinger, Trautmann, Wilmanns, Witte und die herren lektoren Dr. Piumati und Waridel. In Berlin hörte ich vorlesungen bei den herren professoren Joh. Schmidt und A. Tobler.

Seit anfang des w.-s. 1883/84 bin ich ordentliches mitglied, seit w.-s. 1884/85 senior und bücherwart des romanischen seminars.

Allen meinen lehrern sage ich an dieser stelle den besten dank für ihre bemühungen, insbesondere aber dem herrn professor W. Förster, der mich immer in der freundlichsten und liebenswürdigsten weise bei meinen studien unterstützt hat. Dankbar bin ich auch meinem freunde herrn Dr. Julian Kremer für mannigfache anregung und unterstützung bei meiner beschäftigung mit vergleichender sprachwissenschaft.

Thesen.

———

1. Es ist durchaus unwahrscheinlich, dass das gemeinfrz. *c* vor *e* und *i* jemals den laut *č* gehabt habe wie im pikardischen.

2. Für das afrz *u* (= lat. *ū*) ist in ältester zeit ein lautwert anzusetzen, der von dem heutigen frz. *u* verschieden ist.

3. Für das lat. *l* sind zwei wesentlich verschiedene aussprachen (je nach der stellung) durch die grammatiker gesichert und durch die romanische lautlehre unterstützt. (Seelmanns angaben ausspr. d. lat. p. 307 ff insbes. die auslegung des Consentius p. 326 sind danach zu berichtigen.)

4. Der gebrauch des *k* vor *a* im lat. darf nicht physiologisch erklärt werden (wozu Seelmann l. c. p. 337 geneigt ist), sondern er war durch äussere motive bestimmt, welche durch die grammatiker überliefert sind.

5. Die sogen. Cerebralen des Sanskr. konnten unter umständen auch ursprünglich dorsal articulierte laute bezeichnen.

6. Die sog. mouillierten labialen der slav. sprachen sind mit den andern mouillierten lauten nicht auf eine stufe zu stellen.

7. Zur erklärung des überganges von *k* zu *č* bezw. *ts* bedarf es nicht der annahme eines parasitischen *j* oder sonstigen hilfslautes.

8. Die sprachgeschichte verlangt in der physiologie bei den alveolaren und praepalatalen lauten apicale und dorsale articulation principiell zu scheiden.

———— . . —

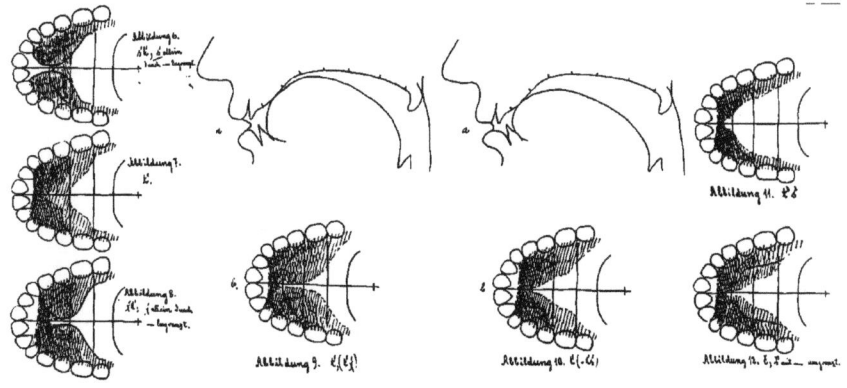

Abbildung 6.
$6^{\prime}c_i$, c allein
$+$ nach — lang rept.

Abbildung 7.
c_i.

Abbildung 8.
$i\,c_i$; c allein durch
$+$ — langrept.

Abbildung 11. $c_i\,c$

Abbildung 9. $c_i\,(c_i)$

Abbildung 10. $c\,(-c_i)$

Abbildung 12. c_i, c mit — anynept.

Abbildung 9.

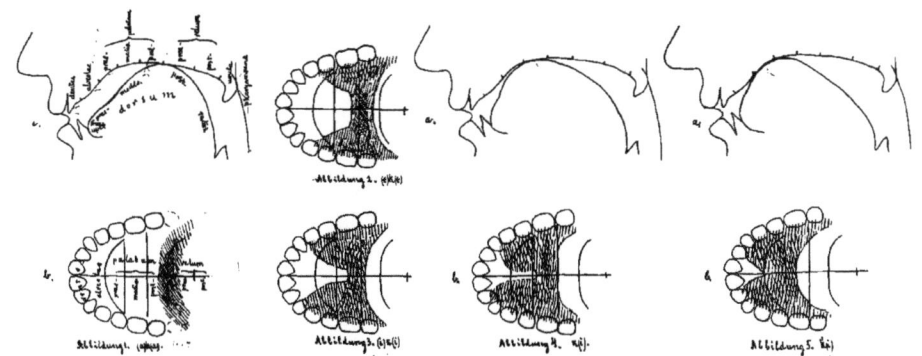

Abbildung 1.

Abbildung 2. (χ)(χ)

Abbildung 3. (χ)χ(χ)

Abbildung 4. (χ)

Abbildung 5. (χ)